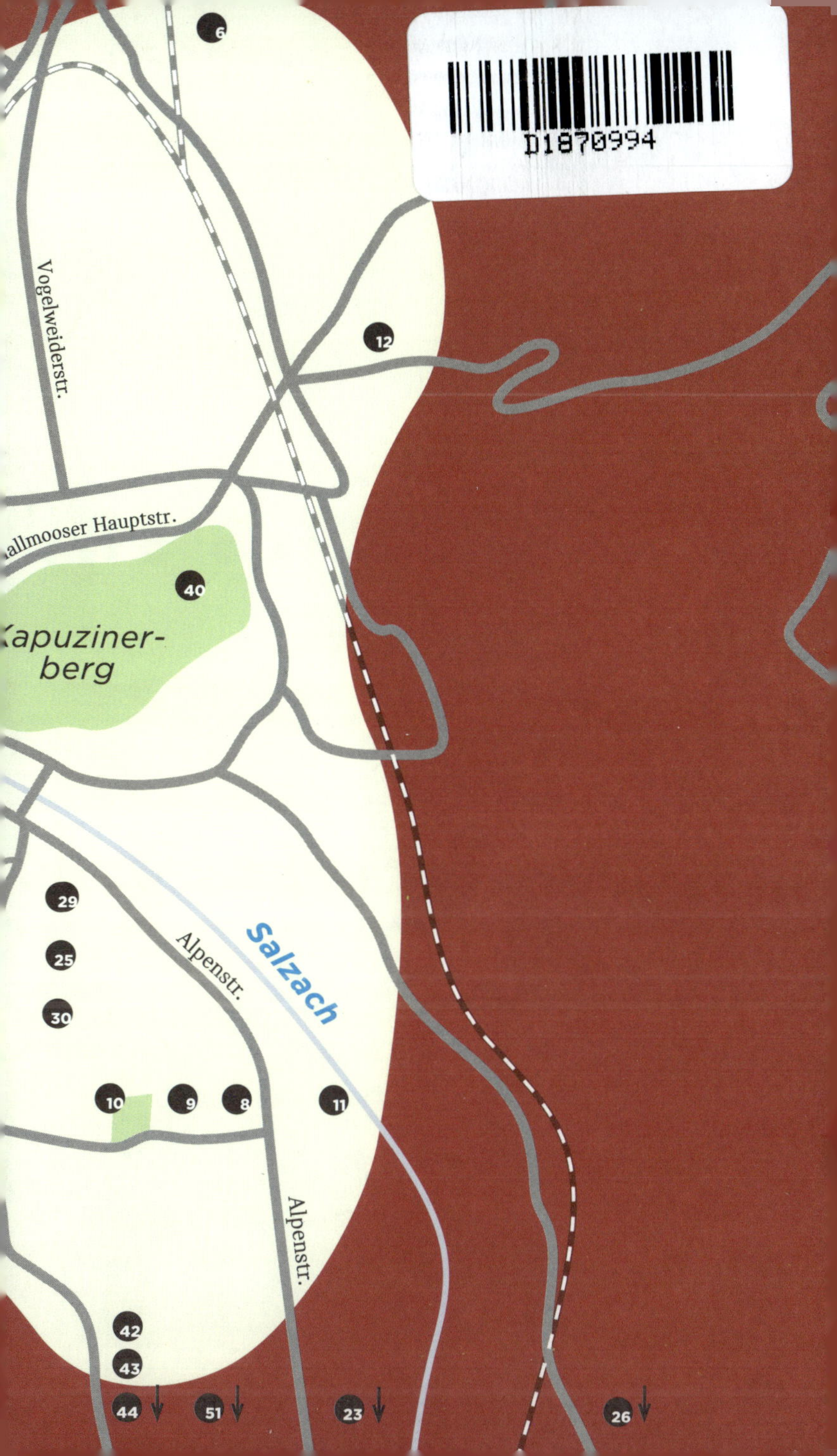
6
Vogelweiderstr.
12
allmooser Hauptstr.
40
apuziner-
berg
29
25
30
Alpenstr.
Salzach
10
9
8
11
Alpenstr.
42
43
44
51
23
26

Andrea Grill

Auf nach Salzburg

and even if it's sunday may i be wrong
for whenever men are right they are not young
E. E. Cummings

Redaktion und Lektorat: vielseitig, Sonja Franzke

Grafisches Konzept: METAPHOR.ME Michael Jung
Satz & Layout: METAPHOR.ME
Karte: Cartomedia
Fotos: Andrea Grill, außer S. 28 Stefan Reinsdorff und S. 144: L. E. L. Raijmann
Gesetzt mit Catalog Pro / Gotham
Printed in Austria

ISBN 978-3-85256-553-8

www.folioverlag.com

55 REISE VERFÜHRUNGEN

Andrea Grill

AUF NACH SALZBURG

Verborgenes
Skurriles
Kulinarisches

FOLIO VERLAG
WIEN | BOZEN

Inhalt

Ankommen

Du glaubst nicht, was du siehst: Türme, Kirchen, eine schwere Burg obenauf, Felsklippen, eine Handvoll Hangwald, dahinter Grün und Grün, wieder dahinter ein gezacktes Weiß, also schamloses Hochgebirge, und so ein Blau, wenn du Glück hast und es Jänner ist, ein ganzer Himmel, und der Fluss vorne, wirklich durchsichtiges Wasser, während der Schaffner sagt: Nächster Halt Salzburg Hauptbahnhof. Für den kurzen Blick in Fahrtrichtung rechts lohnt es sich, wenigstens einmal aus Deutschland anzureisen; drei Minuten später bist du da. Habe ich diesen Bahnhof jemals in vollendetem Zustand gesehen? Grüßgott kann nie schaden. Du kannst einige Busse nehmen, direkt vor dem Bahnhof, fast alle fahren ins Zentrum, Schwarzfahren ist nicht unmöglich, die Dichte der Kontrolleure aber hoch. Grüßgott, denn zwei, drei Stationen weiter Türme, Kirchen – Barock muss man mögen,

Mönchsberg

wie Malakofftorten. Wäre diese Stadt eine Torte, dann eine solche; ich wurde dazu erzogen: Mein Großvater liebte Malakoff.

Zu Fuß ist es auch nicht weit, man kann hier und da vorbeischauen, bis die nächste Kuppe auftaucht. Ein enormes Stück Würfelzucker, daneben wieder ein Türmchen, gehört zu etwas wie einer zarten Ritterburg, früher hatten wir Ähnliches in Playmobil. Hier steht ganz echt und ganz oben, weithin sichtbar, ein Wasserturm aus dem 19. Jahrhundert. Ich hätte ihn, ehrlich gesagt, älter geschätzt; bauen ließ ihn ein Privatbankier. Was es nicht alles gibt. In S. gibt es alles auf ziemlich kleiner Oberfläche; angenehm, fast bequem. Herrlich herrschaftlich finde ich diesen hellen Quader gleich daneben, Museum der Moderne, Guggenheim. Was sie ausstellen, scheint nebensächlich, in sechzig Meter Höhe über der Stadt ha-
Natur 1 ben wir **gute Aussicht**. Egal welches Wetter, draußen sind immer die Endmoränen der Gletscher, ich würde sagen: wie überdimensionale bewachsene Aale. Drinnen
Kultur 2 hängt im dritten Stock meist ein Bild von **Richard Gerstl**, dem genialen österreichischen Expressionisten. Wie viele Genies wurde er nicht alt, 1908 nahm er sich im Alter von sechsundzwanzig Jahren das Leben. Einer der Gründe dafür war ein gebrochenes Herz – er hatte sich in Mathilde, die Ehefrau des Komponisten Arnold Schönberg, verliebt. Gerstl versäume ich da oben nie, er ist ein guter Anfang für einen Besuch in S.

Außerdem: Heiße Schokoladen auf der Terrasse des Museums. (Man bezahlt die gute Aussicht.) Hinauf aufs Plateau, zum Türmchen, zum Museumswürfel, fährt ein Lift, gesponsert von demselben Bankier, der den Wasserturm bauen ließ, Herrn Leitner. Er hatte eine Vorliebe für Strom und der Aufzug war zu seiner Zeit der höchste

Europas. Das war die Zeit, als es in New York noch keinen Wolkenkratzer gab und der Herr Leitner ein Elektrizitätswerk am Makartplatz besaß. Das Werk, ein kalorisches Kraftwerk, war das erste der österreichisch-ungarischen Monarchie und wurde mit Torf befeuert. Zu seinen Abnehmern gehörte außer dem „Café Tomaselli“ auch das direkt daneben gelegene Elektricitätshotel, eines der ersten Hotels, die mit elektrischem Strom ausgestattet waren. Weil es keine Stromzähler gab, zahlten die Kunden eine festgelegte Summe pro Jahr. Der Strombedarf stieg allerdings so rapide, dass das kleine Werk bald nicht mehr ausreichte und an anderer Stelle ein größeres errichtet wurde. Das **Elektricitätshotel** erhielt 1907 seinen heu- Skurriles
tigen Namen, „Hotel Bristol“. Wer so etwas mag, kann im Vorbeigehen hineinschauen (oder übernachten). In der Sketch-Lounge stehen gediegene, gestreifte, goldglänzende Möbel, im Winter brennt ein Feuer im Kamin, im Sommer serviert man Cocktails im mondänen Stil, ein bisschen so, als wäre man schon gar nicht mehr in S., sondern etwas weiter weg, in einer Art Amerika für alle. Alle, die wir kennen, haben da einmal hineingeschaut, Kaiser Franz Joseph I., wenn er S. besuchte, Sigmund Freud, der hier den 1. Internationalen psychoanalytischen Kongress abhielt, der Dirigent Riccardo Muti, Schauspieler und Künstler von internationalem Rang und der Skiclub S.

Da wären wir also.

Nirgends bin ich so oft angekommen wie in S. Reist man mit dem Auto aus Wien an, liegt S. nach dem Wolfgangsee, nach dem Mondsee und vor dem IKEA. Eine Zugfahrt aus Wien führt zu einem Blick auf den Wallersee und einer unvoreingenommeneren Ankunft als die Anreise aus Deutschland. Man kann, was man sieht, für eine durchschnittliche Stadt in Mitteleuropa halten.

Giselakai

Was man sieht, wenn man mit dem Flugzeug ankommt, weiß ich nicht so recht. Entweder bin ich von S. immer nur abgeflogen oder nie bei Tageslicht gelandet. Dunkel erinnere ich mich an einen Blick auf Lichter in einem flachen Talkessel, an eine Kette von Lichtpunkten, die ich der Seilbahn auf den Untersberg zuordne. Dieser vor der deutschen Grenze auf der Lauer liegende Haus- und Hofberg der Stadt ist mit seinen stolzen fast zweitausend Metern vom Rollfeld aus gut zu sehen. Trotzdem bin mir nicht ganz sicher, wen es früher gegeben hat, den Berg oder die Stadt. Diese Stadt wirkt so selbstbewusst massiv, in die Landschaft gestempelt wie ein Fossil – als hätte es sie vor Jahrmillionen schon gegeben, wäre sie dereinst direkt aus irgendeinem Ei geschlüpft, heute das perfekte Kleinod also. Dass an allen Ecken und Enden unentwegt gebaut wird, vergisst das stadtliche Huhn, sobald es den Kopf dreht. Ob dieses Ewigkeits- und zugleich Unverwundbarkeitsgefühl daher rührt, dass es hier so selten Erdbeben gibt? Dass die Bewohner der Stadt täglich im Schatten dieser gewaltigen Burg leben?

Der Flughafen ist jedenfalls klein. Lange Reihen habe ich vor den Schaltern noch nie vorgefunden. Man erreicht ihn – da nehme ich die Abreise vorweg – bequem mit dem Bus, der danach weiter zum Einkaufszentrum „Airportcenter" fährt; und übrigens auch zur Kaserne. Kaum steigt man aus dem Bus, ist man schon eingecheckt. Einen Labello kann man sich noch besorgen, viel Aufregenderes gibt es am Flughafen S. nicht zu kaufen. Falls der Flug verspätet ist, gibt es allenfalls eine Terrasse, auf der man, besonders an Sonntagen, Anrainer beim Flugzeugschauen beobachten kann; ein Fotograf mit einer enormen Kamera mit einem Objektiv in grün-braun gefleckter Tarnfarbe oder vielköpfige Familien, deren Mitglieder ihre Zusammengehörigkeit durch das Tragen bestimmter Ohrringe oder Frisuren kenntlich machen. Keine Sorge, sie werden dich gar nicht bemerken.

Je nach Gemüt könnte ich eine Tageszeit empfehlen, in der es sich in S. am besten ankommt. In der Nacht zum Beispiel ist alles ganz anders, in der Nacht verlasse ich den Bahnhof hinten, über die Fußgängerbrücke, erhasche einen Blick auf die Burg in ungewöhnlichem Winkel, bis Mitternacht flutlichterleuchtet. Und sonst? Höre ich nichts. Nichts. Ich gehe zu Fuß nach Hause, ungefähr eine Viertelstunde dauert das, fünfzehn vereinzelte Minuten, und begegne niemandem. Darüber bin ich übrigens heilfroh, jeder, der einem in so einer Stille begegnete, wäre verdächtig. Kaum wo ist das Ankommen so furchterregend wie in S., einer für den Ankommenden unheimlich stillen Stadt. Es rührt sich einfach nichts. Ich bin versucht, eine Melodie zu pfeifen, aus „Once Upon a Time in the West“, ein Cowboy, der sich in der Leere umsieht, bevor es ihm an den Kragen geht. In so einer Ruhe muss Schreckliches lauern.

Ein, zwei Tage später habe ich mich daran gewöhnt, finde es geradezu angenehm. Nur wenn ich ankomme, überrascht mich diese Stille jedes Mal aufs Neue.

Für Geister, die in der Früh schon aufblühen, ist der Morgen bestimmt die beste Ankunftszeit; sogar für mich wäre der Morgen am besten, wäre ich schon auf.

Frühstücken kann man zum Beispiel im „Café Bazar“ oder **„Würfel Zucker“**, „Wernbacher“, „Fingerlos“. Ich mag das Würfel Zucker, wegen der Strudel und weil die Eigentümer selbst servieren, die Mehlspeisen daheim in der Küche der Mutter gebacken werden und man dort selten Berühmtheiten der Stadt trifft. Die Chance darauf ist im „Bazar“ oder „Wernbacher“ viel größer. Eigentlich sind

Kulinarik 4

die zwei letztgenannten die einzigen ernst zu nehmenden Kaffeehäuser der Stadt, und was den Geschmack des Kaffees betrifft, gewinnt das Bazar. Das aber ist, vor allem im Sommer, einfach zu schön am Fluss gelegen und bei weitem kein Geheimtipp.

Vom Namen gefällt mir das „Café Guglhupf", obwohl ich selten dort war, und das „Kleine Café am Kai", mit seinem Garten auf der anderen Seite des Flusses. Je länger ich darüber nachdenke, desto mehr Kaffeehäuser scheint es in S. zu geben; wenn ich in der Stadt bin, habe ich oft das Gefühl, es gebe kein einziges richtiges. Für ein romantisches Frühstück an einem Frühlings- oder Sommertag wäre da noch die Terrasse des „Hotel Stein"; auch geeignet, wenn das Frühstück erst nach Sonnenuntergang stattfindet.

Wer gegen Mittag ankommt, kann in denselben Kaffeehäusern ein kleines Mittagessen zu sich nehmen, danach am Flussufer rasten oder sogar mit der Salzachschifffahrt eine Fahrt machen.

Eine Zeitlang habe ich mir einen Spaß daraus gemacht, mit dem Nachtzug in S. anzukommen und dann, sofern die Schneelage es zuließ, gleich mit den Skiern auf einen Berg zu gehen. Auf diese Weise gelang es mir, endlich einmal so früh aufzubrechen, wie es die anderen Tourengeher immer tun.

Übrigens, das Berggehen ist eine Art Sucht und bei den Bewohnern von S. besonders verbreitet, weil das Gebirge direkt in der Stadt beginnt. Hüte sich vor Ansteckung, wer länger verweilt!

Ich will nicht idealisieren, aus der Ferne neigt man dazu, aber wer in S. ankommt, riecht sofort: die Luft. Hier riecht es anders, nach Höhe, nach Gebirge, nach Schneehasenfell. Wer nur zeitweise in S. lebt, gerät dann vom

Pferdeschwemme am Sigmundstor

Atmen ab und zu in eine unerklärliche Euphorie. Wer ständig hier lebt, legt sich ab und zu bei laufendem Motor in eine Garage; aber nicht zu lange.

„I like my town with a little drop of poison", heißt es in einem Lied von Tom Waits. Dieser Tropfen will in S. gesucht werden. Alles ist gesund. Alle sind munter und klar. Sie stellen sich an, um verrückt zu werden, lautet der Text des Waits-Liedes weiter. In S. wird nichts ver-rückt, alles steht an seinem Platz – im Winter unter einer Glasglocke, ab und zu darf man es aufheben, zum Abstauben. Wirklich malerisch und auch entspannend, ja wirklich entspannend und inspirierend, ja auch inspirierend, als befände man sich zu Gast in der Villa der Urgroßmutter und dürfte eine Weile an ihrem Alltag teilnehmen.

Städte sind irgendwie wie Personen, haben ihre Persönlichkeit, ihren Stil, ihre guten und schlechten Eigenschaften, manche mag man spontan, ohne dass es einen ersichtlichen Grund dafür gibt, andere sind so hübsch und einnehmend, dass sie mir gerade dadurch verdächtig werden. Sie brauchen manches, was wir auch brauchen, zum Beispiel Bewunderung. Eine von niemandem bewunderte Stadt wirkt verhärmt, kommt nicht richtig zur Geltung, scheint mit einer dumpfen Schicht überzogen wie zu lange in der Kälte gewesenes Leder, das warmer Hände bedarf, damit es wieder glänzt. Eine Schicht von Gram? Weil sich grämt, wer nicht bewundert wird? Sogar eine Stadt?

S. hat keinen Grund, sich zu beklagen. Es oder sie, wie soll man eine Stadt eigentlich ansprechen? Ein „er" ist sie nicht einmal in der Grammatik, das Deutsche behandelt Städte wie Frauen. Vornehme Damen, käufliche Huren, bürgerliche Mädchen, eine reizende Bauerntochter, die durch ihre Unschuld besticht, eine reiche Erbin mit blasser Haut? Welche Lady entspräche dem Charakter von S. in so einem Universum personifizierter Städte?

Ich stelle sie mir vor als Bürgerin mittleren Alters, modisch gekleidet, will ein bisschen jugendlicher wirken, als es ihrem Alter entspricht, aber es steht ihr, ihre Haut ist glatt, sie hat im Sommer immer einen Sonnenhut getragen oder sich im Schatten aufgehalten, liebäugelt dem hellen Teint zum Trotz damit, vom Land zu kommen, will sich mit den Bauern verbrüdern, aber die kennen ihren Hintergrund. Ab und zu erlauben sie ihr, ein Weilchen Bäuerin zu sein, wenn sie es so gern möchte. Den Bauern ist das im Grunde egal. Sie ist eine verheiratete Frau, seit langem in festen Händen, doch einem Flirt nie abgeneigt. Sie lädt ins Theater, zum Konzert, lässt sich den Mantel von den Schultern heben, zeigt ein wenig Haut, am Hals, am Rücken, doch im entscheidenden Moment winkt sie ab. Oh nein, sie sei schon lange vergeben, wo denke man hin! Ja, sie wird ein bisschen verhätschelt.

Was mir am Anfang an ihr gefallen hat, ist offensichtlich: ihr italienischer Stil, das Outfit, diese Gewänder mit den unregelmäßigen Umrissen. Dass man sie in Cafés treffen könnte, an den Rändern der schönsten Plätze, auf den Brücken über dem Fluss, auf den Hügeln hier und da oder verstohlen in der erdrückenden Enge der Gassen. Mir gefällt, dass sie zu Silvester auf die Brücke geht, sich drängen und quetschen lässt, gar nicht zurückhaltend tut, mit der Sektflasche in den dick behandschuhten Händen jedem zuprostet.

Kasnockn

Dieses ursprünglich als Sattmacher nach der bäuerlichen Arbeit servierte Gericht, avancierte mittlerweile zum prototypischen Vegetariergericht jeder Salzburger Speisekarte. Kasnockn werden in mehreren Gegenden Österreichs als regionale Spezialität angepriesen. Was sie unterscheidet und besonders macht, ist die Wahl des Käses bzw. die Mischung der verwendeten Käsesorten.

* 500 g Mehl
* ca. 300 ml Wasser (je nach Beschaffenheit des Teiges mehr oder weniger)
* Salz
* 3 Eier
* Butter
* 300 g Salzburger Käse nach Wahl (z. B. 2 Teile Bergkäse, je 1 Teil Graukäse und Bierkäse)
* 1 große Zwiebel
* Schnittlauch

***

Mehl, Salz, Wasser, Eier zu einem nicht zu festen Teig schlagen, mit einem Löffel kleine Nockerl ausstechen und möglichst geschwind in kochendes Salzwasser geben. Kochen lassen, bis sie obenauf schwimmen. Die Nockerl herausheben, abtropfen lassen.
In einer Pfanne Butter zerlassen, Nockerl hineingeben, geriebenen Käse nach und nach darüber streuen, vorsichtig durchmischen. Auf kleiner Flamme stehen lassen, bis der Käse geschmolzen ist. In einer anderen Pfanne ringförmig geschnittene Zwiebeln anrösten. Zwiebeln oben auf die Kasnockn geben. Mit Schnittlauch garnieren. In der Pfanne servieren.

Rinderherz

Herzen galten bis vor wenigen Jahrzehnten als eine luxuriöse und vor allem lebensverlängernde Speise. Hier ein traditionelles Rezept.

* 1 Rinderherz
* 200 g Wurzelwerk
* 2 Essiggurkerl
* 4 Erdäpfel
* 80 g Selchspeck
* 2 EL Tomatenmark
* Salz
* Pfeffer
* Majoran
* Thymian
* 1 Zwiebel
* 1/2 Knoblauchzehe

***

Das Herz halbieren, waschen, abtrocknen, in fingerdicke Scheiben schneiden; Wurzelwerk, Essiggurkerl und Erdäpfel feinstreifig und Selchspeck kleinwürflig schneiden, Knoblauch zerdrücken.

Den Speck in einer Pfanne anschwitzen. Das Herz beigeben, bis zum Steifwerden rösten. Danach Wurzelwerk, Gurkerl und Tomatenmark und separat angeröstete Zwiebel und Knoblauch dazugeben, langsam kernig weich kochen, zum Schluss die Erdäpfel dazugeben, langsam weich kochen, bis die Erdäpfel zerfallen.

Mit Majoran und Thymian bestreut servieren.

S. und ich, u. a. geografisch

Ich müsste herumfragen, wann und von wem ich zum ersten Mal nach S. gebracht worden bin. Vermutlich in einem Auto. Vielleicht auf einem Ausflug. Die Verwandten sind sich vollkommen uneinig. Erinnerungsfähige Augenzeugen gibt es nicht. Meine erste Erinnerung (die aber bestimmt nicht mein erster Besuch in S. war) ist eine Fahrt ins Theater, ein Schulausflug in Begleitung des Deutschlehrers. Die Fahrt war lang. Die fünfzig Kilometer, die der Ort, an dem ich aufwuchs, von S. entfernt war, wirkten im Bus viel weiter, mindestens doppelt oder gar dreimal so weit. Als Kind wurde mir im Bus immer ein bisschen schlecht, nicht übel genug, um jemanden darüber zu informieren, aber übel genug, um Busfahrten zu hassen. Nach einer ewig dauernden Fahrt kamen wir endlich an. Jetzt, retrospektiv, denke ich, dass wir auf dem Makartplatz parkten, wir befanden uns nämlich, als wir ausstiegen, direkt vor dem Eingang des Theaters.

Irgendwie kommt man in S. nicht um das Theater herum. Ständig steht man davor, sogar, wenn man nicht hineingeht, weil gerade Spielpause ist, oder (wieder einmal) kein Stück auf dem Programm, das einen so recht anspricht. In strahlendem Weiß besetzt dieses Gebäude eine sehr zentrale Ecke der Stadt, und oft habe ich es betrachtet, während ich ein paar Schritte entfernt auf den Bus wartete, mir die Formen der Türen und Fenster angeschaut, dass die Fenster im obersten Stock klein und eckig waren, im mittleren höher und oben gerundet und sich im untersten Flügeltüren befanden, mit Glas in der Mitte, weiß umrandet und mit goldenen Griffen. Genau die Türen, die man für ein Theater erwartet, habe ich mir gedacht. Vom eisernen Geländer der Terrasse über dem Haupteingang hängen immer Transparente mit den Ankündigungen der aktuell gespielten Stücke. Der Vogelhändler. Der Talisman. Faust I. Marilyn. Bereits 1775 wurde an der Stelle, an der es heute noch steht, ein Theater errichtet. Das Haus lag damals am **Hannibalplatz**. Und während ich mir, als ich das zum ersten Mal hörte, irgendeine abenteuerliche Verbindung zum wackeren Feldherrn ausmalte und einen Moment lang dachte, er hätte womöglich kurz mit seinen Elefanten hier gerastet, ist die Erklärung für den früheren Namen wenn nicht profaner, so doch einfacher. Der zweitälteste Bruder des damaligen Erzbischofs, Wolf Dietrich von Raitenau, hieß Jakob Hannibal; jenes Erzbischofs übrigens, der dem Stadtbild, wie wir es bis heute kennen, vermutlich den nachdrücklichsten Stempel aufgedrückt hat. Er ließ die großen Plätze um den Dom anlegen, die neue Residenz errichten, und für seine Lebensgefährtin, Salome Alt, das Schloss Altenau

Kultur 5

bauen, das man später in Mirabell umbenannte. Wolf Dietrich hatte in Italien studiert und scheint ein kluger Kopf gewesen zu sein (wenn auch jähzornig, wie der Volksmund sagt), vieles des italienisch Anmutenden in S. ist auf ihn zurückzuführen. Trotzdem wurde sein Hannibalplatz im 19. Jahrhundert in Makartplatz umbenannt – nicht nach einem Bruder, sondern nach einem Maler, Hans Makart. Doch damit war es nicht getan. Es scheint auch anderen so ergangen zu sein wie mir, dass sie immer wieder auf diesem Platz landeten, wohin sie auch unterwegs waren. Folglich bekam der Platz 1934 den Namen Dr.-Dollfuß-Platz. 1938 wurde er neuerlich umbenannt, in Adolf-Hitler-Platz. Seit 1945 nennt man ihn wieder Makartplatz.

Wie das Stück hieß, das wir damals, beim Schulausflug, sahen, ist mir entfallen. Zum Lehrer habe ich keinen Kontakt mehr. Ich erinnere mich aber sehr gut an jene Vorstellung im Landestheater von S., die den eindringlichsten Eindruck auf mich gemacht hat. Es war gar kein Theaterstück, sondern eine Lesung von Ilse Aichinger. Ganz allein saß sie auf der Bühne an einem kleinen Tisch, nur eine Lampe brannte. Sie las und der Saal, mit all seinen Hunderten Plätzen, leer oder besetzt, lauschte ihr. Im Laufe der Vorstellung wurde die Luft immer stickiger, vor allem in den oberen Rängen, wo ich saß, aber diese einzelne Frau dort vorne, die einfach nur las, zog einen ganz in ihren Bann und ließ einen die Atemnot vergessen. Ilse Aichinger hatte mit ihrem Mann Günther Eich fast zehn Jahre lang in S. gelebt. Die beiden wohnten von 1963 bis zu seinem Tod 1972 in Großgmain, am Fuß des Untersbergs; inzwischen lebt Aichinger schon lange in Wien.

Ich war allein zu ihrer Lesung gekommen. Plötzlich sprach mich einer an, der links neben mir saß. Du studierst Biologie, nicht wahr?, fragte er. Ich war eher irri-

Mozart blickt auf die begehbare Skulptur „White Noise", realisiert von soma.

tiert durch die Unterbrechung und habe bestimmt nicht besonders freundlich geantwortet; derjenige, der mich ansprach, ist ein sehr guter Freund geworden. Er hatte recht gehabt mit seiner Bemerkung, ich studierte damals in S. und dasselbe Fach wie er.

Irgendwann hatte ich beschlossen, in S. zu studieren. Warum S.? In S. zu studieren, ist nicht unbedingt cool. S. gefiel mir an einem nassen Tag, als ich im strömenden Regen über die Plätze der Innenstadt spazierte, ausgesprochen gut. Ich hatte keinen Schirm dabei und stand kurz auf dem Platz, auf dem auch Mozart auf dem Sockel steht, mit seiner bekannten Frisur, dort, wo um die Jahreswende immer ein Stück Eislaufplatz auf- und, sobald es nicht nur elektrisch, sondern tatsächlich friert, wieder abgebaut wird. Und auf einmal erschien mir dieses feuchte Stück Asphalt besser als alle anderen Stücke Asphalt.

Auch Jahrzehnte später ist der Mozartplatz, auf dem ich einst beschloss, in diese Stadt zu ziehen, immer wieder für Überraschungen gut. Während ich dies schreibe, steht dort zum Beispiel eine mobile Skulptur, ob ihrer Betretbarkeit auch Pavillon genannt, Anrainer sagen dazu einfach: der Igel. Und der Vergleich ist gar nicht so falsch. Direkt neben der Statue Mozarts steht momentan etwas, das aus der Ferne wirkt wie ein meterhoher Stachelhaufen. „White Noise“ heißt das Gebilde, dessen äußere Hülle ganz aus Aluminiumstacheln besteht. Wie lange es stehen bleiben wird, ist noch ungewiss. Aber es ist Beweis dafür, dass das Barocke der Stadt ab und zu durchbrochen wird von Dingen, für die wir noch keine richtige Bezeichnung haben; wie ein heller, begehbarer Igel.

Schon vorher kannte ich ein paar Leute, die in S. studierten. Durch die für jemanden ohne Führerschein nach wie vor nur mit mühsamen Busfahrten zu überwindende

Distanz von, wie gesagt, fünfzig Kilometern, die meine Heimatstadt von S. trennten, wirkte alles, was dort geschah, ziemlich weit weg. Ich erinnere mich, dass ich jemanden besuchte, der in S. studierte; dass wir uns abends auf die Suche nach einem Ort machten, an dem man tanzen konnte, und nach vielem Hin und Her in einem winzigen Lokal ungefähr gegenüber dem heutigen „Republic" landeten. Das trendige „Café Republic", in dem man vom Frühstück bis zum Cocktail alles bekommt, wäre damals schon das richtige für uns gewesen.

Ich erinnere mich an eine neuerliche Fahrt ins Theater, diesmal nicht, um ein Stück zu sehen, sondern um zu applaudieren. In meiner Heimatstadt wurde eine Fernsehserie mit dem sprechenden Titel „Der Salzbaron" gedreht, für die ich mir als Statistin viele Nächte um die Ohren schlug; es war ein für eine Schülerin sehr gut bezahlter Job. Meine Aufgabe war, kostümiert im Stil um 1900, als Bäuerin oder vornehme Dame die eine oder andere Straße zu überqueren, mich vor allem dekorativ im Hintergrund des Kamerabildes aufzuhalten. Eines Tages sollte der Held ins Theater gehen, dort vermutlich seine Angebetete ausführen oder kennenlernen – um welche Geschichte es in dem Film, in dem wir mitspielten, ging, wusste keiner der Statisten genau –, und das gesamte Filmteam inklusive uns Statisten wurde nach S. transportiert, um dort im Theater am Makartplatz stundenlang begeistert zu klatschen. Wieder und wieder drängte sich der Held durch die vollen Reihen der Zuschauer, die alle schon saßen, während er zu spät kam. Diese Aufnahme wurde der Höhepunkt meiner Statistenkarriere im Salzbaron, in dieser Szene war ich – obwohl immer noch Hintergrund – ganz kurz groß im Bild, weil sich der Salzbaron einige Sekunden lang direkt an mir vorbei an seinen Platz drängte.

Zwei Jahre später übersiedelte ich nach S. und wurde Studentin. Das Haus, in dem ich wohnte, ist winzig klein geschrumpft und sowieso außer Sicht. Ich bin nur um die Ecke gegangen, abgebogen und schon ist es weg, als hätte es nie existiert. Ich sehe es nicht mehr und wer weiß, ob es sonst noch jemand sieht. Das Haus waren, genauer gesagt, mehrere. Eins, zwei, drei, vier, fünf, sechs Häuser in S. Meine erste Wohnung in S. lag in der Kreuzstraße, in der Nähe des Bahnhofs. Ich neige dazu, „hinter" dem Bahnhof zu sagen, man könnte auch sagen nördlich. Es war eine erste Wohnung in doppelter Hinsicht, die erste in S. und die erste, in der ich mit keinem der übrigen Bewohner verwandt war. Ich war achtzehn.

Die Kreuzstraße ist etwa zweihundert Meter lang. Das Besondere an ihr war (und ist) ihre Normalität, ihre Art, in dieser von schönen Plätzen und Zierrat überladenen Stadt ganz und gar unmalerisch dazuliegen. Das Besondere an ihr ist, dass nichts an ihr besonders ist. Sie ist einfach eine Verbindung zwischen der viel befahrenen Itzlinger Hauptstraße und der Ischlerbahnstraße. Auch die benachbarten Straßen, Winkelgasse, Mittelstraße und Keilgasse, sind einfach Verbindungen, seltsam rechtwinkelig zueinander, Aufbewahrungsorte für unauffällige Häuser, in denen Menschen wohnen, die keine hohen Mieten bezahlen können. Ich erinnere mich an eine kleine Bäckerei an der breiteren, lauteren Itzlinger Hauptstraße. Ich erinnere mich an Schnee, Kälte, entweder wollten wir Heizkosten sparen oder die Heizung war defekt. Wer ein S. entdecken möchte, in dem sich gar nichts von dem findet, was einem glänzende Werbemagazine für die Barockstadt versprechen, dem empfehle ich, eine halbe Stunde lang durch Itzling zu schlendern.

Ein seltsamer Zufall und mir nicht bewusst, als ich in diese Wohnung zog: Sie lag ganz nahe an der ehemaligen Endstation der sogenannten Ischlerbahn, nach der die jetzige Ischlerbahnstraße benannt ist. Hätte es diese Bahn noch gegeben, während ich in Bad Ischl aufwuchs, wäre mir S. in meiner Kindheit vermutlich viel näher vorgekommen, hätte ich mir von meinem Schulausflug ins Theater womöglich die Vorstellung gemerkt anstatt den Schrecken der Busfahrt. Die Ischlerbahn hieß offiziell Salzkammergutlokalbahn und verkehrte 1893 bis 1957. Sie war dampfbetrieben, transportierte in ihren Glanz- und Gloriezeiten mehr als zwei Millionen Passagiere pro Jahr von Bad Ischl nach S. Ich glaube, alle Ischler, die regelmäßig knappe zwei Stunden lang im dampfigen Postbus ausgeharrt und ihre Übelkeit unterdrückt haben, bis sie endlich am Mirabellplatz in S. aussteigen und frische Luft schnappen durften, haben sich auf jeder Busfahrt nach der Ischlerbahn gesehnt; egal, ob sie je mit ihr gefahren waren oder sie nur aus Erzählungen kannten.

Auf der Internetseite des Clubs „Salzkammergut Lokalbahn“ ist ein Zitat aus der Wiener Zeitung vom Dezember 1840 zu lesen: „Zum Reisen gehört Geduld, guter Humor, Muth, Vergessenheit aller häuslichen Sorgen, und dass man sich durch kleine widrige Zufälle, Schwierigkeiten, böses Wetter, schlechte Kost und dergleichen, nicht niederschlagen lasse. Das Reisen macht gesellig: man kleide sich bequem, ein ungemächlicher Anzug macht unbehaglich, ungeduldig und müde.“

Im September 1957 brachte die drohende Einstellung der Bahn mehr als zweitausend Bewohner des Salzkammergutes dazu, sich in S. vor dem Amt der Landesregierung zu versammeln und für den Erhalt der Bahn zu demonstrieren – ein für jemanden, der im Salzkammergut aufgewachsen ist, einigermaßen unvorstellbarer Anblick: demonstrierende Salzkammergutler. Doch hat es sie gegeben. Mit dem Hinweis, er könne nichts machen, es handle sich um eine Entscheidung aus Wien, zog sich der damalige Salzburger Landeshauptmann angeblich aus der Affäre. Die Demonstranten wurden unverrichteter Dinge nach Hause geschickt.

Zumindest ist dadurch bis heute allen Ischlern etwas Verbindendes geblieben: die stille Sehnsucht nach diesem Zug mit seinen sechsundsechzig Kilometern „Bosnischer Spur", die so heißt, weil sie schmaler ist als die Schienen herkömmlicher Eisenbahnen, sie misst nur 760 Millimeter.

Wäre die Bahn nicht sechsunddreißig Jahre vor meinem Umzug nach S. eingestellt worden, hätte ich direkt an der Endhaltestelle gewohnt; als wäre ich ins erstbeste Haus eingezogen, das mir unterkam, als ich ausstieg. Etwas Gutes hat die Einstellung der Schmalspurbahn übrigens doch nach sich gezogen: Ihre ehemalige Trasse (die auch so ausgeschildert ist) ist jetzt eine herrliche **Inlineskatestrecke**. 6 Skurriles

Aus irgendeinem Grund, vielleicht war mir mein Zimmer zu klein, vielleicht lag mir die Kreuzstraße zu weit weg von dem Gebäude, in dem meine Vorlesungen stattfanden, blieb ich nur wenige Monate in dieser Wohnung. Die folgende befand sich im Süden von S., im Stadtteil Josefiau, in einem vielstöckigen Häuserblock am Waldrand.

Einst war, wo heute die Josefiau liegt, ein dichter Auwald, der sich bis ins heutige Stadtzentrum erstreckte. Seit der im Mittelalter begonnenen Regulierung des Salzachflusses, um unkontrollierte Überschwemmungen in den Siedlungsraum zu verhindern, wurde der Auwald mehr und mehr von der Stadt zurückgedrängt. Trotzdem gibt es am Rand des Siedlungsgebiets der Josefiau noch einige Stücke **Auwald**, der zwar nicht mehr periodisch 7 Natur

Rudolfskai

UNIVERSITÄT SALZBURG

überschwemmt wird, aber trotzdem einen Eindruck davon vermittelt, wie Auwälder einst gewesen sind. Wer mehr Au sehen möchte, dem sei eine Radtour entlang der Salzach zum nördlichen Ende der Stadt und weiter geraten, dort ist der Auwaldgürtel noch dichter und naturnaher. In der Josefiau gibt es noch viele freistehende Häuser – unter anderem das Resultat der Politik der 1930er-Jahre, am Stadtrand Siedlungen mit bodenständig bäuerlichem Flair anzulegen. Darunter sind einige geheimnisvolle Villen mit verwachsenen Gärten. Einmal bin ich damals mit einer Freundin über den Zaun in einen dieser Gärten eingedrungen, wir wollten ausprobieren, ob wir da hineinpassten, ob es sich lohnen würde, dort zu wohnen. Jemand vom Nachbarhaus hat uns durch Androhungen, die Polizei rufen zu wollen, vertrieben.

Von der Josefiau zog ich in die Michael-Pacher-Straße.
Kultur 8 **Michael Pacher** war ein Maler und Bildhauer des 15. Jahrhunderts, über dessen Lebensgeschichte man relativ wenig weiß. Als sicher gilt, dass er die letzten Jahre seines Lebens bei den Franziskanern in S. verbrachte und dass er hier gestorben ist. Er scheint ein Meister der Spätgotik gewesen zu sein, der erste, der Renaissanceelemente in die deutsche Malerei brachte. Während der Großteil der Werke, die er in S. anfertigte, ja der Großteil seiner Werke überhaupt, verloren gegangen ist, blieb das, was als das Wichtigste gilt, erhalten. Und ich sah es, bevor ich wusste, dass es da war. Das wichtigste Stück Michael Pachers, der Pacheraltar, befindet sich nämlich an dem Ort, für den er ihn angefertigt hat, einem Ort, den ich als Schulkind oft besucht habe: in der Pfarrkirche St. Wolfgang, am Wolfgangsee. Sobald man aus der Kirche tritt, steht man direkt an einer steilen Wand, die zum Wasser hinunterfällt. Dieser Altar ist nicht nur aufgrund seiner

kunstvollen Gestaltung ein außergewöhnliches Kirchenmöbel. Es handelt sich dabei um einen Wandelaltar, das heißt, man konnte die beiden Flügel je nach Gelegenheit verschieden öffnen und zusammenstellen, hat also drei verschiedene Möglichkeiten, die Altarbilder zur Schau zu stellen. Eine Ansicht war wahrscheinlich für alle Tage vorgesehen. Eine für Sonntage. Eine für besondere Feiertage. Michael Pacher stammte aus Südtirol, besuchte Norditalien, insbesondere Padua, und begegnete dort Andrea Mantegna – oder zumindest dessen Fresken, die ihn, laut Expertenmeinung, stark beeinflussten. Er schnitzte und malte sein Leben lang Altäre. Kein Wunder, dass es ihn nach S. verschlug.

Besser als seine Altarbilder habe ich allerdings die Michael-Pacher-Straße vor Augen. Der beste Einblick in die Straße ergibt sich vom Kreisverkehr aus, der sie mit der Alpenstraße verbindet, einer viel befahrenen Durchzugsstraße. Von dort aus sieht man – sogar im Vorbeifahren – die Fassade der **Naturwissenschaftlichen Fakultät** (kurz 9 Kultur
Nawi genannt) der Universität S. Und zwar sieht man, beziehungsweise sehe ich, das Gesicht einer Eule – die Michael-Pacher-Straße mündet direkt in dieses Eulengesicht. Geht man durch die Eulenfassade und zur anderen Seite wieder hinaus, öffnet sich der Blick auf einen Weiher mit Schilfrand und einige weite Felder, gesäumt von Baumreihen, ein beschaulicher Radweg führt zwischen den Äckern hindurch und in der Ferne kann man die Rückseite der Festung ausnehmen. Das ist der geschützte Landschaftsteil **Freisaal.** Auf dem Feld wächst in den 10 Natur
warmen Monaten tatsächlich Essbares. Der Weiher ist im Winter zugefroren, man kann sich aufs Eis wagen, einbrechen und dann in eine Vorlesung gehen und zuhören, bis die Kleider wieder trocken sind.

Aus Untersberger Marmor: die Naturwissenschaftliche Fakultät der Universität Salzburg

Die Universität, der Grund oder Vorwand für meine Übersiedlung nach S., hielt, was sie versprochen hatte; sie lag wunderschön. Wer sich davon überzeugen möchte, dass ein Fakultätsgebäude wie ein Erholungsheim aussehen kann, dem empfehle ich einen Besuch an der Hellbrunnerallee 34. Die Nawi ist immer noch das angenehmste Universitätsgebäude, das ich kenne. Während ich dort studierte, erschien es mir so normal, mich tagtäglich in einem nagelneuen Gebäude zu bewegen (es war damals erst sieben Jahre alt). Später habe ich mich oft nach dieser transparenten Weitläufigkeit gesehnt. Herrlich, aber nicht zum Nachmachen empfohlen: auf Inlineskates über die langen Gänge mit wahnsinnig glatten Böden flitzen. Das im Oktober 1986 eröffnete Gebäude kann sich übrigens zwei Rekorde auf die Mauern schreiben: Es ist das zweitgrößte der Stadt – nur die Festung ist größer – und das größte Universitätsgebäude Österreichs. Während man im Inneren ein alle drei Stockwerke übergreifendes Glashaus mit tropischen Pflanzen, Bananenstauden, Rotwangenschmuckschildkröten und vielem anderen bewundern kann, besteht das Äußere vor allem aus Glas und Marmor. Die Außenmauern sind in einer Farbe gestrichen, die ich als Kaisergelb bezeichnen würde, vielleicht hat das Team um den österreichischen Architekten Clemens Holzmeister (Ekhard, Hübner, Ladstätter und Marschalek) den Anstrich jedoch unter einem anderen Namen bestellt. Der für den Bau verwendete Marmor ist, wie in vielen Gebäuden der Stadt, Marmor vom Nordhang des Untersbergs, und in der großzügig gestalteten Mensa, in der man sehr preiswert essen kann (auch nicht studierende Gäste sind willkommen), ziert ein fossiler Korallenstock die Wände. Marmor ist das Material, das den Barock (z. B. die Fassade des Doms) mit der Moderne verbindet.

Wer Statuen zu schätzen weiß, findet eine, die erneut auf die vielfältigen Verbindungen von S. zu Italien verweist, beim hinteren Eingang der Nawi-Fakultät. Giacomo Manzù gestaltete hier eine übermannshohe Nachbildung des Gründers der Universität (1. September 1623), Erzbischof Paris von Lodron.

Zurück an die Vorderseite und in die Michael-Pacher-Straße. Wer mit dem Auto gekommen ist, wird noch einmal zum bereits erwähnten Kreisverkehr kommen, der auch deshalb doppelt erwähnenswert ist, weil man hier, wenn man vom Süden her kommt, das Rot der Ampel vermeiden kann, indem man so tut, als würde man nach rechts abbiegen, um dann aber blitzschnell wieder in die Alpenstraße einzubiegen. Wenn die eine Ampel rot ist, ist die andere nämlich grün. So spart man unter Umständen eine Minute.

In S. ist das Leben vergleichsweise noch nicht besonders zeitraubend. Ich allerdings lebe nicht mehr ständig dort und mir kommt vor, als hätte ich noch nie auf einer so kleinen Oberfläche so viele nicht gleichgeschaltete Ampeln gesehen. Ist man in S. mit dem Auto unterwegs, steht man alle 50 Meter. Eine Ampel ist eine Lichtsignalanlage, so ein Wort kann man sich auf der Zunge zergehen lassen.

Das Wunderbarste am Wohnen in der Michael-Pacher-Straße war die Nähe zu einer nur für Radfahrer und Fuß-
Natur 11 gänger zugänglichen Brücke, dem **Überfuhrsteg**. Neben dem schmalen Streifen, auf dem man den Fluss überqueren kann, besitzt er eine relativ breite, scheinbar keiner besonderen Verwendung zugeordnete Fläche. Dort versammeln sich die Nichtstuer. Man sonnt sich, man raucht und kann einen herrlichen Sonnenuntergang betrachten. Eine der seltenen Stellen in S., wo sich die Sonne auch

wirklich beim Untergehen zusehen lässt, nicht einfach ruckzuck hinter einen Berg sinkt.

In S. gibt es viele Orte, an denen man ganz angenehm wohnen kann. Ein WG-Zimmer ganz in der Nähe der Michael-Pacher-Straße, drei Mal ums Eck biegen. Mangels Möbel spannten wir eine Hängematte quer über den Balkon; ab und zu habe ich darin übernachtet. Die Hofhaymerallee unweit der Michael-Pacher-Straße, durch die Naturwissenschaftliche Fakultät hindurch hinten hinaus. Ich lese ein bisschen im Salzburg Wiki (www.salzburg.com/wiki/index.php/Hauptseite) und entdecke einen Zusammenhang. Meine Eltern haben sich für das andere Ende der Stadt entschieden, eine Straße hinter dem Drive-in Mc Donalds, unweit des Bauhauses.

Das Haus ist Teil eines Wohnblocks mit vereinzelten Solarzellen auf dem Dach. Es liegt neben einer Schrebergartenanlage in der Nähe der Abstellgeleise der Eisenbahn, nachts hört man manchmal Züge rangieren. In den warmen Monaten ertönen aus den Schrebergärten oft Rufe: Ich stech dich! Die Sau gehört mir! Die Stimme des Rufers ist sehr tief und heiser – Karten spielende Pensionisten.

Vor dem Haus erstreckt sich ein ausgiebiger Parkplatz. Jeder Wohnung ist ein Stück Asphalt zwischen vier Strichen zugeteilt, ein paar Parzellen sind frei für Besucher. Schneehaufen türmen sich im Winter auf diesem Parkplatz. Wäre ich noch ein Kind, hätte ich dort ein Schneehaus nach dem anderen gebaut. Kinder gibt es ein paar auf diesem Parkplatz, aber nicht viele, beziehungsweise vermutlich werden sie, wie Katzen, heutzutage eher drinnen gehalten. Ich stehe gern auf diesem Parkplatz, besonders nachts. Der Sternenhimmel über S. kann beachtlich sein.

Erzbischof Paris von Lodron, Gründer der Universität

Hinter dem Haus befindet sich eine große Wiese. In letzter Zeit machen die männlichen Nachbarn hier oft ein Lagerfeuer, sitzen nachts darum herum, egal ob es kalt ist. Sie spielen Indianer oder eben Nachbarn. Sie kennen mich, obwohl ich gar nicht oft da bin. Man kennt sich hier. Man gießt einander die Blumen, füttert die Katzen, winkt den Kindern. Ich treffe die Nachbarn im Keller, wenn ich die Skiausrüstung hole, oder auf der Wiese, wenn ich schaue, ob die Goldfische im Teich noch fett und glänzend sind. Einer der Nachbarn heißt Hirsch mit Nachnamen. Er ist Experte für alles. Besonders für das Schleifen von Skikanten, das macht er im Winter gegen Entgelt, auch für Nachbarn; im Sommer ist er ein Experte fürs Grillen, er weiß, welche Kohlen die besten sind, er hat den besten Griller, er riecht als erster, wenn einer der Nachbarn ein Zündholz anstreicht, ein paar Koteletts auspackt.

Wenn nicht gegrillt wird, rieche ich im Vorbeigehen die trocknenden Kleidungsstücke auf der Wäschespinne im Garten.

Meine Eltern leben seit langem in S., für sie ist es die Stadt, in der sie leben möchten; S. erfreut sich großer Beliebtheit, hoher Miet- und Kaufpreise. Zwar wohnen meine Eltern schon lange hier, aber geboren sind sie hier nicht. Sehr viele Bewohner von S. stammen aus Oberösterreich, wie meine Eltern. Manchmal denke ich, S. wäre geradezu leer, gäbe es keine Oberösterreicher. Die Oberösterreicher haben S. für sich annektiert, vermutlich weil es in Oberösterreich bis vor wenigen Jahren keine richtig schöne Stadt gab. Linz stand für Industrie, Smog, die Farbe Grau und eine ereignislose Landschaft, S. war die nächstgelegene größere Stadt und in der Folge füllte es sich mit gebürtigen Oberösterreichern. Du erkennst sie daran, dass sie dir ungefragt und voll Enthusiasmus Details über alles Mögliche erzählen. Ja, ich bin auch in Oberösterreich geboren.

Zuhause ist, wo du nicht überlegst, was du machen willst, wenn du ankommst. In diesem Sinn ist S. ein Zuhause für mich.

Öpföradl

Apfelräder, wie sie in korrektem Deutsch heißen, waren eine der Lieblingsmehlspeisen meines Großvaters. Er war zwar kein Salzburger, aber seine Vorliebe für dieses Gericht stellt unter Beweis, wie viele (kulinarische) Gemeinsamkeiten es zwischen dem Salzkammergut und Salzburg gibt.

* 180 g glattes Mehl
* 1/4 l Milch
* 2 Dotter
* Salz
* 2 Eiklar
* Vanillezucker
* 4 große, feste Äpfel
* Öl
* Staubzucker und Zimt
* Küchenrolle (oder anderes saugfähiges Papier)

***

Mehl, Milch, Dotter und Salz zu einem glatten Teig verrühren, das Eiklar leicht salzen, steif schlagen und vorsichtig unter den Teig mengen. Vanillezucker hineinstreuen.
Die Äpfel entkernen und in circa 1 Zentimeter dicke Scheiben schneiden. Diese in den Teig tauchen, ein bisschen abtropfen lassen und in heißem Öl schwimmend schnell goldbraun backen.
Auf einer Küchenrolle abtropfen lassen. Mit Zucker und – nach Geschmack – Zimt bestreut servieren.

Bauernkrapfen

Bei den Mengenangaben verlassen sich Salzburger am liebsten aufs Gefühl. „Fia uns hoit so“, ist die Antwort, die man üblicherweise bekommt, wenn man sich erkundigt, wie viel man von dem oder jenem nehmen soll.

* 1/2 kg glattes Mehl
* 2 Eier
* 20 g Germ
* 60 g Butter
* 0,3 l Milch
* Salz
* 2 Esslöffel Zucker

***

Aus Germ und Zucker ein Dampfl machen, langsam Mehl einrühren, den Teig mit Öl bestreichen, warm stellen und gehen lassen, bis er schön aufgegangen ist. Topf mit nicht zu heißem Fett oder Butterschmalz vorbereiten. Den Teig portionieren und in Form ziehen (etwa wie Erythrozyten, also Blutkörperchen, sagte meine Informantin für dieses Rezept, eine Kinderärztin), beidseitig in Öl herausbacken.

Mit Sauerkraut, Hollerkoch, Milch oder Marmelade essen.

S. als Exot

Will man sich behaupten gegenüber dieser Stadt, die der Welt gehört, über die Bücherregale vollgeschrieben sind, bleibt nur, sie sich als unbekannten exotischen Ort vorzustellen. Etwas, das weit entfernt liegt, wie die Ildefonso-Inseln oder Feuerland. Man wäre unter den ersten, die Gebräuche und Sehenswürdigkeiten beschreiben.

Hier gleich ein Bewohner. Er geht am Fluss entlang. Am Kinn trägt er einen Bart, auf dem Kopf ein Sackerl aus blauem Plastik, es ist an den Zipfeln geknotet, damit es nicht davonweht. Er wirkt guten Mutes, guten Fußes, schreitet zuversichtlich aus, obwohl er einen Stock bei sich hat, auf den er sich aber nicht stützt. Der Mann ist grauhaarig, trägt etwas wie einen verschlissenen Anzug, er scheint nicht sehr alt zu sein, aber auch nicht sehr jung; das Leben in S. hat ihm mitgespielt, indem es ihm immer wieder Regen bescherte, wie heute. Die Beobachterin sitzt im Trockenen, von einem Tisch in einer der örtlichen Gaststätten kann sie den Einheimischen betrachten, ohne selbst bemerkt zu werden. Er geht langsam durch die feuchte Luft. Sie nippt auf der anderen, der geheizten Seite des Fensterglases an einem beliebten hiesigen Getränk, alle in diesem goldbemalten Gastzimmer trinken eine schwarze Flüssigkeit, die in ausgesprochen hübschem Porzellan serviert wird. Aus kleinen Krügen tröpfeln sie immer, wenn sie eine neue Tasse füllen, ein bisschen Milch hinein. Sie nennen das Getränk Kaffee und haben allerlei Theorien darüber, wo dieser Kaffee am besten getrunken wird. Ja, sie sprechen tatsächlich mit Vergnügen und ausführlich über dieses Getränk, das ihnen eine Art Allheilmittel für jegliche Unbill des Lebens zu sein scheint. Als ich frage, wann man diesen Kaffee denn am besten trinkt, zu welchen Gelegenheiten, bekomme ich so viele Antworten, wie ich Gesprächspartner habe. Manche trinken ihn gleich in der Früh, manche nur in der Arbeit, manche zur Entspannung, andere wiederum als Aufputschmittel in besonders stressigen Zeiten. Nur in einem sind sie sich einig: Ohne ihn ginge es nicht. Ich kann mir auf ihre Aussagen keinen rechten Reim machen, geschmeckt hat mir dieses Getränk jedenfalls vorzüglich.

Ich beobachte die Gäste der Gaststätte, Kaffeehaus nennen sie es, dem Getränk entsprechend. Im Allgemeinen sitzen sie relativ ruhig an ihren Plätzen, nur wenn jemand den Raum betritt, den sie kennen, springen sie unversehens auf, schütteln dem Ankommenden die rechte Hand, immer die rechte, enthusiastisch, als wäre er oder sie gerade rechtzeitig gekommen, um den anderen aus einer drohenden Gefahr zu retten. Im Nu wenden sie sich dann wieder ab, setzen sich auf ihren alten Platz und überlassen den Neuangekommenen seinem Schicksal.

Jeder geht seines Weges. Auch der Flaneur im Regen draußen ist aus meinem Blickfeld verschwunden.

Übrig bleibt der perfekte Fluss. Perfekt reguliert, die Auwälder, früher wild wuchernde, periodisch überschwemmte grüne Paradiese, eingerahmt, im Grunde betretbare Gemälde. Echte Erde auf dem Grund. Hier gibt es viele seltsame Tiere, Eichenzipfelfalter, Wiesenknöpfe, die knöpften der Wiese das Hemd.

Man kann eine Gruppe junger Menschen beobachten, alle ungefähr zwischen zwanzig und fünfundzwanzig Jahre alt, die unter der Leitung eines Mannes das feuchte Waldrestchen betritt und innerhalb weniger Minuten auf irgendeine Weise Regenwürmer aus dem Boden lockt. Die Würmer werden in flachen Kübeln gesammelt, gewogen, gezählt. Auf die Frage der Beobachterin, wozu das gut sein soll, lügen sie. Sagen, sie würden sie essen, in Afrika sei das gang und gäbe, das führe man jetzt hier ein. Solche den Wald kurzfristig bevölkernde Menschengrüppchen sind – die Beobachterin ließ nicht locker – Studenten der nahegelegenen Naturwissenschaftlichen Fakultät der Universität von S., sie belegen Kurse wie „Ökologie des mitteleuropäischen Laubwaldbodens“ oder „Bedecktsamer in alpinen Tälern“.

Kehrt man zurück in die Stadt, findet man, sogar bei leichter Schneelage, wie ich sie heute erlebe, salatartige Gewächse in zwischen den Verkehrsstraßen angelegten Beeten. Wer diese Salate ernten oder gar essen soll, ist mir unklar. Sie ähneln einem italienischen Radicchio, ab und zu einem Krautsalat, lugen leicht rötlich unter dem Schnee hervor. Vom Zebrastreifen aus, auf dem ich von der sogenannten Linzergasse, die aber nicht nach Linz, sondern in einen **Gnigl** genannten Stadtteil führt, zur Staatsbrücke 12 Geschichte
gehe, der zentralsten der drei Brücken in der Altstadt,

sehe ich einige typische Exemplare dieser Salate. Ordentlich in Reih und Glied sind sie da eingepflanzt.

Auch der Asphalt weist an dieser Ecke, genau dort, wo die Linzergasse auf den Giselakai stößt – eine Stelle, die
Skurriles 13 von Einheimischen auch als **Platzl** bezeichnet wird – interessante Eigenschaften auf; er hat kreisrunde Löcher. Ich habe mir sagen lassen, im Sommer spritzt aus diesen Löchern Wasser heraus, für den Flaneur eine durchaus angenehme Gelegenheit zur Erfrischung an wirklich heißen Tagen.

Egal woher man kommt und wohin man eigentlich wollte, immer wieder quert man dieses Platzl, immer wieder muss man über diesen Zebrastreifen und diese Brücke. (In dieser Hinsicht ähnelt das Platzl dem Landestheater.) Geht man ein paar Schritte weiter auf der Imbergstraße, am Fluss entlang, oder biegt man vom Platzl aus in eine schmale, finstere Gasse ein, trifft man bald auf einen der
Kultur 14 kulturellen Höhepunkte von S., ein Lichtspielhaus. **Das Kino**. Harrt man am Abend zwischen sieben und neun nur eine Zeit lang vor dem Eingang dieses Kinos aus, sieht man sie ankommen, die Filmliebhaber, in Scharen, meist auf Fahrrädern, die sie aneinander an die Mauer des Gebäudes lehnen, bis ein regelrechter Stapel entsteht. Gezeigt werden Filme aus aller Welt, in Originalsprache. Vor allem an Donners- und Freitagen ist der Ansturm groß. Reservieren sei also geraten. Besonders in dem einen Saal, der Gewölbe heißt und auch eines ist.

Ich gehe weiter in der schmalen, finsteren Gasse, der Steingasse. Nur sehr selten trifft man hier jemanden. Sie ist für Autos zu eng, für die meisten Fußgänger zu dunkel. Bald sehe ich rechts ein paar rote Laternen leuchten, ein Freudenhaus. In dieser Stadt? Ja, genau. Eines der ältesten der Stadt.

Festung Hohensalzburg

Die Steingasse ist ein uralter Fahrweg, einst Teil der Römerstraße, die über die Tauern nach Kärnten und schließlich bis Aquileia führte. Sie war allerdings bei Reisenden nicht besonders beliebt, weil sie häufig überschwemmt und verschlammt war, viele, die vom Süden kamen, nahmen lieber einen Umweg um den Kapuzinerberg.

Überschwemmt wird die Gasse mittlerweile zwar kaum mehr, dennoch ist sie ziemlich modrig und feucht. Mir ist sie trotzdem sympathisch. Ich weiß, ihre Vorzüge sind nicht auf den ersten Blick erkenntbar. Das Gestein lugt überall bei den Fenstern in die Häuser herein, beziehungsweise haben die meisten hier nur auf einer Seite Fenster, die andere drückt sich fest an die steile Wand des Kapuzinerbergs. Ab und zu dringen die Felsen sogar in die Wohnungen herein, drängen Badewannen, Klomuscheln und Waschbecken zur Seite, quetschen sich in der Küche unter die Kredenz, stehen links von der Nachttischlampe. Wie es kommt, dass Menschen ausgerechnet hier in Moder und Feuchtigkeit ihre Häuser gebaut haben? Dass überhaupt noch jemand hier wohnt? Wenn man genauer hinschaut – oder gar das Glück hat, hier jemanden besuchen zu dürfen –, entdeckt man, was den Charme dieser Gasse ausmacht. In den oberen Stockwerken der an den Fels gelehnten Häuser hat man einen wunderbaren Blick, noch höher oben liegt die eine oder andere verschwiegene Terrasse, auf der man sich windgeschützt sonnen oder Kräuter ziehen kann. Unten gibt es ein paar ausgestorbene kleine Lokale, in denen sich die Gäste vorwiegend zum Trinken treffen. Ein paar Namensschilder mit seltsam sprechenden Namen, als wohnte hier ein eigenes Völkchen, das mit den übrigen Bewohnern von S. kaum etwas zu tun hat, höchstens Handelsbeziehungen. Leider habe ich nie einen dieser mir a priori lieben Menschen getroffen. Jedes Mal, wenn ich sie durchschritt, war die Steingasse menschenleer. Übrigens auch tierleer. Überhaupt ganz leer.

Zurück zu den sichtbaren Bewohnern von S. Oft kommen sie mit Rädern an den Füßen daher, keine Fahrräder, einfach eine Reihe Räder direkt unter den Schuhen, sie brausen um die Ecke, rollen mit rasanter Geschwindigkeit die Hänge herunter, als gäbe es kaum etwas anderes, als befänden sie sich auf einer Prärie für beräderte Lebewesen. Diese Flitzenden stehen im Gegensatz zu denen, die sich an den grasbewachsenen Ufern des Flusses aalen. Da liegen sie, wenn warmes Wetter ist, leicht bekleidet. Man sollte meinen, sie würden sich ab und zu in die Fluten stürzen, sich abkühlen, aber nein. Brav bleiben sie draußen auf dem Gras liegen.

Die Mehrzahl der Menschen in S. ist sorgfältig gekleidet, sorgfältig im Sinn von wie-man-es-erwartet-von-jemandem-der-ausreichend-Geld-hat. Am Flussufer findet man – und das nicht nur im Sommer – den einen oder anderen mit bunten Haaren, einer Frisur, die den Kamm eines Hahnes oder den Gipfel des Olymps nachahmen möchte. Zwischen dem Fluss und der Straße für den motorisierten Verkehr befindet sich ein Radweg, von Bänken gesäumt. Auf diesen Bänken findet man im Frühling und Sommer zur Mittagszeit diese ordentlich gekleideten Exemplare der Bewohner von S., in Anzug oder Rockkostüm, sie essen mitgebrachte Nahrungsmittel, blättern in mitgebrachten Papieren.

Vereinzelte Exzentrizitäten in der Kleiderwahl scheint es, trotz aller Angepasstheit, zu geben. In einigen Schaufenstern der Innenstadt, der Altstadt, die sich rechts und links vom Fluss erstreckt, im Gegensatz zur Neustadt,

Wer schon lange Trachtenkleidung erstehen wollte, findet in S. bestimmt die richtige.

dem Stadtteil, der nach dem Schleifen der großen Bastionen entstand, jetzt ein von gründerzeitlichen Villen und Mietwohnbauten geprägtes Viertel, gibt es Kleidungsstücke, mit denen der Träger garantiert auffällt, egal, wohin er sich begibt. Ich spreche von bodenlangen, knallbunten Frauenkleidern (obwohl nicht gesagt ist, dass nur Frauen sie tragen können), ganz schmal in der Taille, richtiggehend zusammengeschnürt, manchmal in Rosa oder in Hellblau, mit einem Überschwang an Blümchen bedruckt, grün wie der Tannenwald oder rot, und dann Schürzen in ebensolchen Farben und Blusen, die zwar schlicht weiß sind, dafür bauschig gerafft an den Ärmeln, die wiederum kaum die Ellbogen bedecken; das Dekolleté jedenfalls ausgiebig. Sie werden ✶ **Dirndl** genannt, wie die jungen Mädchen, in dieser Hinsicht behandelt als wären sie eigenständige Wesen. Interessant ist, man trifft in S. wirklich Leute auf der Straße, die so etwas tragen, und gar nicht wenige. Mit einem Dirndl ist man für jeden Anlass gut gekleidet, das stimmt hier noch immer. Das Gegenstück dazu: Hosen, ganz aus Leder, nur bis zum Knie und dort eng, dazu Stutzen, die so rau sind, dass ich sie eher über als in den Schuhen tragen würde. Das Beste vielleicht sind die Hüte. Man steckt sich Sträuße ins Hutband, wie einen Buschen feiner Federn – es sind Haare von wilden Ziegen. Das zumindest, glaube ich. 15 Skurriles

Gebratene Tauben

Früher, als die Tauben noch nicht als die Ratten der Luft galten, wurden sie als Delikatesse betrachtet. Richtig zubereitet, sind sie das auch.

* 4 junge Tauben
* Salz
* Pfeffer
* 40 g Fett
* 400 g Linsen
* 60 g Selchspeck
* 1 Zwiebel
* 1/4 Zitrone
* 1 Sardelle
* Petersilie
* Majoran
* 2–3 EL Tomatenmark
* Rotwein
* Semmelwürfel

***

Die Tauben sorgfältig rupfen, absengen, ausnehmen und waschen; den Kopf samt Hals knapp am Rumpf abhacken, die Flügel ebenfalls abhacken, die Zehen stutzen. Nochmals kalt waschen, mit einem weichen Tuch abtrocknen. Mit Salz und Pfeffer bestreuen und ins heiße Rohr geben. Dort mit Fett bestreichen und ungefähr 20 Minuten auf beiden Seiten braten. Die Vögel herausnehmen und warm stellen.

Linsen am Vorabend einweichen und über Nacht stehen lassen. Nun in frisches Wasser geben, halbweich kochen, erst am Ende salzen, damit sie nicht aufplatzen. Abseihen. Den Selchspeck würfelig schneiden und im Bratfett anrösten, bis er glasig wird. Eine gehackte Zwiebel anschwitzen, die geriebene Zitronenschale, die fein gehackte Sardelle, Petersilie und Majoran dazugeben, durchrösten, Tomatenmark untermischen, salzen und pfeffern.

Nun die Linsen dazumischen und mit Wasser aufgießen, bis eine Art Sud entsteht.
Die vorgebratenen Tauben vierteln, die Viertel in die Linsen einbetten und zugedeckt langsam dünsten lassen, bis das Fleisch weich ist. Kurz vorher mit einem Schuss Rotwein verfeinern.

Zum Servieren die Linsen in einer tiefen Schüssel anrichten, Taubenviertel darauflegen; mit gehackter Petersilie und goldgelb gerösteten Semmelwürfelchen verzieren.

Frösche

Damit auch den Vegetarier unter uns etwas serviert wird, das ohne Zucker auskommt. Diese Vorspeise wird gerne im Fasching gegessen.

* 4 kleine, grüne Paprika
* 150 g Topfen
* 50 g Butter
* 1 Eckerl Streichkäse
* Paprikapulver
* 4 Essiggurkerl
* Salz
* 2 Oliven
* 150 g rote, eingelegte Paprika

***

Topfen, Butter und Streichkäse mit dem Mixer (oder der Gabel) schaumig rühren, salzen, Paprikapulver dazugeben. Die Paprika an der Stängelseite abschneiden, entkernen und säubern, mit dem vorher zubereiteten Topfenmus füllen, die Öffnung mit in Scheiben geschnittenen Essiggurkerln bedecken.

Mit einem scharfen Messer ein Maul einschneiden. Aus Olivenscheiben Augen aufsetzen.

Die Frösche kommen gut auf einem Teller eingelegter roter Paprika oder jeder Art von Salat, der nicht grün ist, zur Geltung.

S. für Radfahrer

Wenn die Stadt menschenleer ist, die Bewohner ordentlich aufgehoben in ihren Häusern liegen, hat man die Chance, S. so zu betrachten, wie es ist. Nach Mitternacht fahre ich gerne mit dem Rad über die im Kunstlicht liegenden Plätze. Tagsüber wäre das Fahren auf eine andere Art schön; im Slalom den Touristen ausweichen, laut quietschend knapp hinter jemandem bremsen und ihn so erschrecken (in Teilen der Altstadt ist das Radfahren übrigens verboten). Nur, tagsüber patrouillieren Polizisten. „Kommen Sie aus dem Zirkus?", fragte einer, der mich auf dem Domplatz stoppte. Als ich verneinte, begann er, meine Lichter zu kontrollieren – es war helllichter Tag. Er fand heraus, dass ein Licht nicht funktionierte. „Kommen Sie morgen mit dem Rad auf die Wache und zeigen Sie mir, dass Sie die Lampe haben reparieren lassen. Wenn Sie nicht kommen, kostet Sie das fünfhundert Schilling." Ich

Bronzeskulptur von Lotte Ranft

widersprach, von vornherein ahnend, dass es vergeblich war. „Und wenn Sie weitere Einwände haben, schlag ich gleich noch etwas drauf." Er hatte mich angehalten, weil ich einen Augenblick lang freihändig gefahren war.

Das Radwegnetz betreffend ist S. ein Paradies für Radfahrer. Gleichzeitig muss der Radler aufpassen wie ein Haftelmacher, damit er keinem Polizisten unangenehm auffällt. Man hat tatsächlich den Eindruck, die örtlichen Beamten seien darauf spezialisiert, Radfahrer eines Vergehens zu überführen; sie lauern am Ende von Stegen und Brücken, auf denen Radfahrverbot herrscht (z. B. Mozartsteg), sogar wenn kein einziger Passant auf dem Steg wandelt, erwarten einen hinter der Biegung der Straße um fünf Minuten vor Mitternacht, wenn die Ampel noch munter von Grün auf Rot springt, während sie fünf Minuten später orange blinken würde, sie werfen das Blaulicht an, die Scheinwerfer, umzingeln den das Rotlicht missachtenden Radfahrer zu fünft, um seine Identität festzustellen. Als sich herausstellt, dass er nicht lügt, erhält er eine Vorladung für den nächsten Tag, um die Strafe zu bezahlen.

Ich ging damals mit meinem Vater auf die Wache und gemeinsam gelang uns ein Handel: Fünfzig Prozent Ermäßigung, weil nicht ich bezahlte, sondern mein Vater, der ja gar kein Vergehen begangen hatte.

Auch wenn die Exekutive den Radfahrern manchmal Schwierigkeiten macht, hat S. ihnen sogar ein Denkmal gesetzt: Der **biegsame Radfahrer** – wie ich ihn nenne. steht unweit des „Cafés Bazar", gleich neben dem Radweg, auf der Promenade am Fluss. Die sehr dünne, langgliedrige Figur stützt sich lässig gegen das vollkommen ohne moderne Gangschaltung ausgestattete Rad, die locker überkreuzten Beinen verleihen ihr eine erstaunliche Leichtigkeit, obwohl sie aus Bronze besteht. Die Leichtigkeit eines freihändig Fahrenden?

Skurriles 16

Pongauer Nockn oder Pinzgauer Nüdei

Dieses nahrhafte Gericht stammt nicht direkt aus der Stadt Salzburg, wird dort aber genauso gern gegessen wie auf dem Lande, wo es erfunden wurde. Nach Geschmack kann man eine süße Variante mit Apfelmus oder eine pikante mit Sauerkraut servieren. Zeitgenössische Salzburger essen diese Nocken auch mit Gorgonzolasoße wie die Italiener ihre Gnocchi.

* 1 kg Erdäpfel
* 200 g Mehl
* 50 g Butter
* Butterflocken
* Salz

***

Erdäpfel kochen, schälen und noch heiß zerstampfen, mit Mehl und einer Prise Salz zu einem Teig kneten, auswalken, in fingerbreite, längliche Streifen schneiden, diese zu Nudeln rollen und in einer reichlich ausgefetteten Pfanne aneinanderschichten, mit zerlassener Butter beträufeln, im Rohr ausbacken.

Das minimalistische S.

Skurriles 17

Wollte man S. auf ein Minimum reduzieren, um Platz zu sparen, könnte man versuchen, es auf die **Auerspergstraße** zu beschränken. Die Auerspergstraße enthält alle Facetten der Stadt. Und vielleicht sogar die Quintessenz aller Städte. Hier befindet sich ein Sheraton, das Kurhaus, das Arbeitsamt, das Paracelsus Hallenbad, der Seiteneingang des Kongresshauses, die Wirtschaftskammer und das Gasthaus „Pitterkeller". Von der Ecke Rainerstraße aus sieht man eine Kirche, das ist die Pfarre Mülln auf der anderen Seite des Flusses. Wer die Auerspergstraße langsam abschreitet, spürt die Essenz von S., das absolute Extrakt. S. wie es lebt und arbeitet. Dieses Paradebeispiel einer Straße ist circa einen Kilometer lang und verläuft in einer fast perfekten Kurve vom einen der zwei Stadtberge bis zum Fluss.

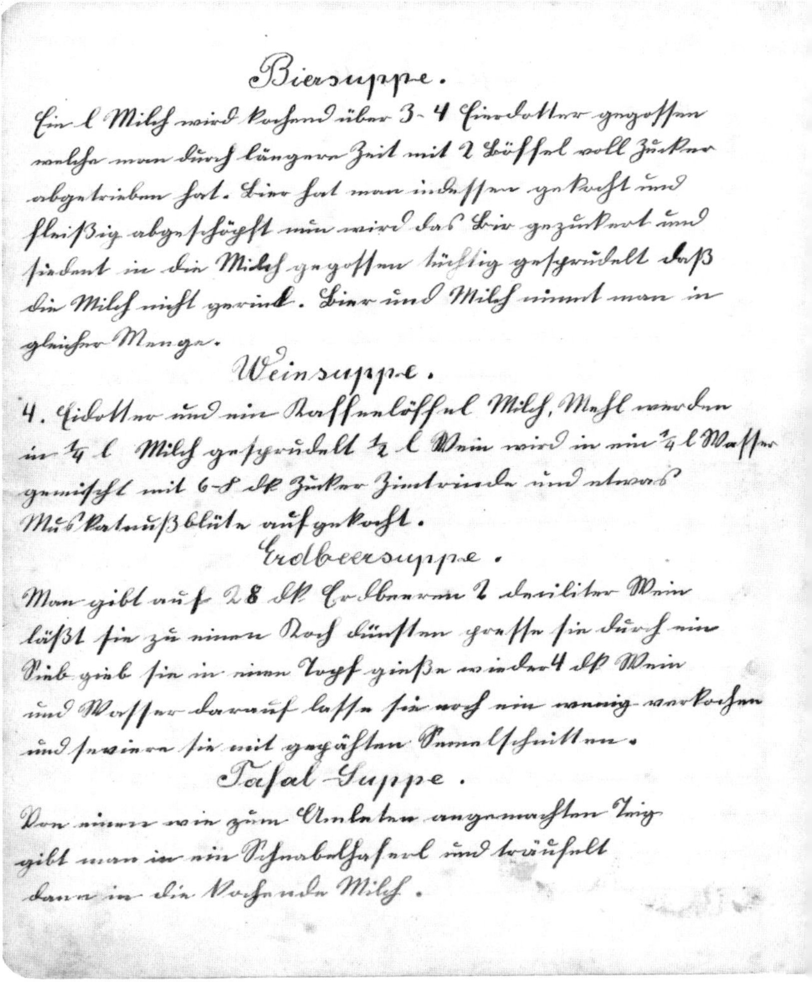

Biersuppe.

Ein l Milch wird kochend über 3-4 Eierdotter gegossen welche man durch längere Zeit mit 2 Löffel voll Zucker abgetrieben hat. Bier hat man indessen gekocht und fleißig abgeschöpft nun wird das Bier gezuckert und siedend in die Milch gegossen tüchtig gesprudelt daß die Milch nicht gerinnt. Bier und Milch nimmt man in gleicher Menge.

Weinsuppe.

4. Eidotter und ein Kaffeelöffel Milch, Mehl werden in 1/4 l Milch gesprudelt 1/2 l Wein wird in ein 1/4 l Wasser gemischt mit 6-8 dk Zucker Zimtrinde und etwas Muskatnußblüte aufgekocht.

Erdbeersuppe.

Man gibt auf 28 dk Erdbeeren 2 deziliter Wein läßt sie zu einem Koch dünsten preßt sie durch ein Sieb gibt sie in einen Topf gieße wieder 4 dl Wein und Wasser darauf lasse sie noch ein wenig verkochen und serviere sie mit gebähten Semmelschnitten.

Tafel-Suppe.

Von einem wie zum Omletten angemachten Teig gibt man in ein Schnabelhäferl und träufelt dann in die kochende Milch.

Gute Rezepte bestechen oft durch Einfachheit.

Erdbeersuppe

Diese sommerliche Suppe entnehme ich den handschriftlichen Aufzeichnungen der Uroma einer Freundin. Stöllingeroma heißt die Frau mit der bewundernswert schönen Handschrift. Sie arbeitete als Stallmädchen in einem vornehmen Haus und ließ sich von den Köchinnen die schmackhaftesten Rezepte diktieren.

* 28 dag Erdbeeren
* ca. 600 ml Wein
* Wasser

***

Auf 28 dag Erdbeeren 200 ml Wein geben, zu einem Koch dünsten lassen, dann durch ein Sieb pressen, erneut in einen Topf geben und wieder mit 400 ml Wein aufgießen, etwas Wasser dazu und noch ein wenig kochen lassen. Mit gerösteten Semmelschnitten servieren.

Topfennudeln

Alte Rezepte zeichnen sich oft durch einen bestechenden Minimalismus aus. Diese Topfennudeln sind geschwind gemacht und schmecken sogar den heikelsten Freunden und Kindern. Je nach Geschmack süß, mit gedünsteten Äpfeln oder Apfelmus, oder herzhaft, mit Sauerkraut, servieren.

* Topfen
* Mehl
* Salz
* Öl
* Sauerkraut

***

Aus Topfen und Mehl einen feinen Teig kneten (je nach Feuchtigkeit des Topfens mehr oder weniger Mehl dazugeben).
Daraus eine Rolle formen, in Scheiben schneiden, flach drücken, in reichlich Öl herausbacken.
Mit Sauerkraut servieren.

Schriftsteller in S.

„Überhaupt ist mir das Dichten so peinlich“, steht im Stiegenhaus der Ernest-Thun-Straße 11 auf einem überdimensionalen Plakat mit dem Bild der Dichterin Christine Lavant. Ungezählte Schriftsteller sind durch dieses Stiegenhaus gegangen. In S. scheint irgendwo ein Nest zu sein, das Schriftsteller hervorbringt, im ständigen Widerspruch zur Geografie und dem, was vor Ort gehörig ist. Der Verleger Otto Müller muss das geahnt haben, als er 1937 den Verlag im Haus in der Ernest-Thun-Straße gründete und gleich zu Anfang die Rechte am Werk des in S. geborenen Georg Trakl erwarb. Trakl wurde einer der bekanntesten österreichischen Dichter des 20. Jahrhunderts. Und die Zahl der Schreibenden, die momentan in S. wohnen und noch alles werden können, ist zweistellig. Ich könnte eine lange Liste von Namen aufzählen, von denen viele jedenfalls in Europa, manche auch darüber hinaus

bekannt sind und gelesen werden; manche in der Ferne mehr als daheim, wie das so üblich ist. Schreibt ein Schriftsteller über Schriftsteller, tut er gut daran, sich auf verstorbene Persönlichkeiten zu berufen, auf die ist kein Lebender neidisch. Oder auf solche, deren Namen der Fantasie des Lesers überlassen bleiben. Wie jener Herr, dem man bei Spaziergängen im Stadtteil **Riedenburg** 18 Kultur
begegnen könnte, zuweilen auch auf dem Mönchsberg. Er geht nicht sonderlich gern spazieren, würde lieber ununterbrochen schreiben. Doch das Schreiben als alleinige Beschäftigung ist der Gesundheit nicht zuträglich, also spaziert er, borgt sich manchmal einen Hund aus oder bekommt ihn aufgedrängt. Er wohnt gegenüber einem sehr blauen Haus, hinter einem schroff bewaldeten Hügel. „Riedenburg“ hieß früher der vom Ried, also Moor, umgebene Berg – heute Rainberg genannt. Noch im 17. Jahrhundert war die Gegend schwer begehbar, die Reittiere versanken laut Zeitdokumenten oft bis zum Bauch im Morast. Durch den Bau des Sigmundstors (1764–1767) wurde Riedenburg mit der Innenstadt verbunden, langsam erschlossen und trockengelegt. Heute ist es ein landschaftlich sehr ansprechender Stadtteil mit schönen Villen und Wirtshäusern, und eine beliebte Wohngegend, besonders für Schriftsteller.

Wer sich genauer kundig machen will, was es von zeitgenössischen Autoren zu lesen gibt – und das ist viel –, der sei auf das **Literaturhaus Salzburg** verwiesen – dort 19 Kultur
ist das Literaturforum Leselampe zu Hause – lese die in S. erscheindenden Literaturzeitschriften „Literatur und Kritik“ und „SALZ“ oder lasse sich in einer der Buchhandlungen der Innenstadt beraten. Wenn nicht alle Buchhändler gleich parat haben, wer denn da aller an heimischen Autoren interessant wäre, insistieren Sie ruhig; das Gefühl,

Martin Oberaschers Textskulptur am Eingang des Traklhauses

ausgerechnet in den Regalen der Heimatstadt die eigenen Bücher nicht zu finden, kennt jeder Schriftsteller aus S.

Auch der heute zu den Klassikern zählende Georg Trakl erfuhr gleich bei seinen ersten literarischen Anläufen, dass nicht alle Zeitgenossen mit Bewunderung auf Dichterexistenzen reagieren. Den Dichterzirkel „Apollo", dem er sich noch zu Gymnasialzeiten anschloss (später wurde er in „Minerva" umbenannt), nannten viele nur „das spinnerte Kräzl".

Ich komme an einem warmen Apriltag ins **Traklhaus**, und zwar durch den Hintereingang. Von dort kommend sieht man gleich das Besondere an diesem Haus, in dem Trakl 1887 geboren wurde und seine ersten Lebensjahre verbrachte. Es liegt am Fluss, nur die Straße trennt es vom Wasser, und die sieht man von den Fenstern der traklschen Wohnung nur, wenn man sich extra hinausbeugt. Er habe immer nur Wasser gesehen, soll Trakl oft gesagt haben, erzählt mir Hans Weichselbaum, der Leiter der Georg-Trakl-Forschungs- und Gedenkstätte. Herr Weichselbaum weiß alles, was über Georg Trakls Leben bekannt ist. Im Archiv des Traklhauses sammelt er seit mehr als dreißig Jahren Dokumente, Briefe, Bücher und Objekte, die Trakl gehörten oder mit Trakl zu tun haben. Die neuesten Errungenschaften des Archivs bekomme ich freundlicherweise gleich vorgeführt. Zuerst ein Telegramm Trakls von Juni 1914, abgeschickt aus Innsbruck, in dem er bittet, als Militärapotheker nach Albanien fahren zu dürfen. Die Stelle hätte ihm, der im November desselben Jahres in einem Krakauer Spital an einer Überdosis Kokain starb, eventuell das Leben retten können. Er war im August 1914 in den Ersten Weltkrieg einberufen worden und erlitt nach der schrecklichen Schlacht beim ukrainischen Grodek einen Nervenzusammenbruch, da er

20 Geschichte

sich der Menge an Sterbenden und Verwundeten, die ins Lazarett geliefert wurden, sowie dem besinnungslosen Morden hilflos gegenübersah. Die zweite neu dazugekommene Memorabilie ist weitaus fröhlicher; ein Comicbuch in französischer Sprache, das Trakls Schwester von einem Aufenthalt in der französischen Schweiz mitgebracht hatte.

Abgesehen von Briefen, Handschriften und Postkarten ist die Wohnung, die – außer mit den Vitrinen und dem Raum für die Filmvorführungen – weitgehend mit Gegenständen eingerichtet wurde, die wirklich aus dem Besitz der Familie Trakls stammen, sogar einen Besuch wert, wenn man sich nicht sonderlich für Dichtung interessiert. Man bekommt einen Eindruck davon, wie das Großbürgertum von S. um 1900 lebte, wie seine Häuser aussahen, welche Möbel es besaß. Die hier gezeigten stammen aus dem Nachlass der zur Eröffnung des Hauses im Jahr 1973 noch anwesenden Schwester Trakls, Maria Geipel. Meine Lieblingsgegenstände der Ausstellung sind einige alte, glänzend polierte Kaffeemaschinen, die eher wie Laborzubehör wirken als wie etwas, mit dem man ein alltägliches Getränk kocht. Kaffee wurde damals im Hausgebrauch noch ganz ohne Elektrizität zubereitet, ein mit Spiritus gespeister Brenner wurde direkt unter die Kaffeemaschine gestellt. Eine der ausgestellten Maschinen hat einen winzigen, auf- und zudrehbaren Hahn. Im Zusammenhang mit Kaffee entdecke ich noch ein interessantes Detail: auf Kaffeehauspapier verfasste Notizen. Einst hatte jedes Kaffeehaus offenbar sein eigenes Schreibpapier, das man blattweise bestellen konnte. Kein Wunder, dass die Schriftsteller damals öfter im Café arbeiteten als heute.

Verlässt man, wie ich, das Museum durch den Vordereingang, bekommt man schließlich noch eine Überraschung zu sehen; eine von einem Gedicht Trakls inspirierte Textskulptur des in S. geborenen Künstlers Martin Oberascher. Sie ist noch bis Ende 2012 zu sehen, dann wird sie von einem neuen Werk abgelöst, denn der Eingangsbereich des Waagplatzes 1a wird alle drei Jahre neu gestaltet.

Wer auf den Geschmack gekommen ist, mehr Trakl lesen möchte und vielleicht sogar ein Fahrrad dabei hat, kann sich jetzt auf die Suche nach den acht in der Stadt verteilten Texttafeln machen, auf denen Trakl-Gedichte zitiert werden. Sie sind an Orten angebracht, die dem Dichter wichtig waren oder die eine Beziehung zu seinen Gedichten haben. Er soll selbst ein begeisterter Spaziergänger gewesen sein und oft im Freien das eine oder andere notiert haben. Eine **Tafel** befindet sich zum Beispiel am Elisabethkai und enthält das Gedicht „Vorstadt im Föhn", eine andere, „Ein Winterabend", befindet sich an der evangelischen Christuskirche, ebenfalls am rechten Salzachufer. „Ich verstehe sie nicht, aber ihr Ton beglückt mich, es ist der Ton des wahrhaft genialen Menschen", zitiert der Dokumentarfilm im Traklhaus Wittgenstein, der ein Zeitgenosse des Dichters war. 21 Kultur

„Bin immer traurig, wenn ich glücklich bin", hat Trakl über sich selbst geschrieben. Er ist irgendwie ein idealer Bewohner für diese Stadt, hin- und hergerissen zwischen atmosphärischen Lobgesängen und bitteren Gefühlen. Das Spektrum seiner lyrischen Beschäftigung mit S. reicht von „Musik im Mirabell":

Ein Brunnen singt. Die Wolken stehn
Im klaren Blau, die weißen zarten.
Bedächtig stille Menschen gehen
Am Abend durch den alten Garten

bis zur „Romanze in der Nacht“, bei der ich ihm zumindest unterstelle, er habe dabei an S. gedacht, wo er immerhin den Großteil seines Lebens verbrachte:

Der Mörder lächelt bleich im Wein,
Die Kranken Todesgrausen packt.
Die Nonne betet wund und nackt
Vor des Heilands Kreuzespein.

1939, zwei Jahre nach der Verlagsgründung, wird der Verleger Otto Müller verhaftet. 1941 muss er den Verlag zum Zwangsverkauf freigeben. Erst ab 1946 kann er seine Tätigkeit für ein knappes Jahrzehnt wieder aufnehmen. Heute führt den Verlag sein Enkel, der verrät, dass er bei dessen Übernahme vom Rest des Erbes nur eine Zuckerdose erhielt. Aus der dürfen sich ihn besuchende Schriftsteller bis heute bedienen.

Mohn-Guglhupf

Für Ausländer ist es oft faszinierend, wie allgegenwärtig der Mohn in der Salzburger Küche ist. Seien es die in jeder Bäckerei erhältlichen Mohnflesserl, Mohnstrudel, Mohnnudeln oder der hier beschriebene Guglhupf. So billig wie in Österreich ist der Mohn nirgends. In Holland zum Beispiel wird er in winzigen Packungen und zu Apothekerpreisen verkauft. Dies hier ist das beste aller Guglhupfrezepte, nämlich das meiner Mutter.

* 180 g Butter
* 150 g Staubzucker
* 1 Packerl Vanillezucker
* 180 g geriebene Mandeln
* 180 g geriebener Mohn
* 6 Eier

***

Eier trennen. Butter, Zucker, Vanillezucker und Dotter schaumig rühren, Mohn und Mandeln untermengen und den steif geschlagenen Schnee unterheben. Teig in eine gefettete und bemehlte Guglhupfform füllen und bei 180 °C 1 Stunde backen.

Freunde in S.

Freunde in S. zu haben, ist ideal, viel besser als selbst dort zu wohnen. Sobald ich ankomme, rufe ich einige an. Sie heißen meistens Gabi und Christian, Hans und Waltraud, Thomas und Stefan. Freunde in S. sind sportliche Leute. Mit Fahrrädern des neuesten technischen Standes flitzen sie in die Arbeit, am Fluss entlang, egal ob Schnee liegt, ob es schüttet, ob die Sonne auf den Asphalt brennt. Sie tragen Fleecejacken, Kapuzen, wissen um die besten Badeplätze, Wanderrouten, Kletterrouten, Skitouren, haben immer eine Jause dabei, haben Zeit (für Sportliches), riechen winddurchweht und sprechen langsam. Früher, als das Telefonieren aus dem Ausland noch viel kostete, wurde ich manchmal – zumindest innerlich – ungeduldig bei Gesprächen mit Freunden und Familie aus S. Ich trippelte in der Telefonzelle von einem Fuß auf den anderen, während ich versuchte, ihnen die Enden ihrer

Sätze abzuluchsen, fand diese Sprechweise mühsam und teuer. Dieselbe Information hätte man doppelt so schnell durchsprechen können. Sie ließen sich Zeit. Mittlerweile fühle ich mich nach so einem Gespräch wie von einer Kur zurückgekehrt; erfrischt.

Hier dringt die Umgebung so eindringlich in die Stadt vor, dass man sich ihr nur schwer widersetzen kann. Kein Bewohner von S. bleibt am Wochenende zu Hause. Alle schwärmen aus in die Umgebung und sei es nur, um an den auf zwei Händen abzählbaren heißen Sommertagen in irgendeinen See zu tauchen oder zumindest am Ufer eines solchen eine Liege aufzustellen. Hier habe ich gelernt, dass es an manchen Tagen nichts Wichtigeres gibt, als durch Pulverschnee zu fahren; nein gleiten, schweben. Erst hier bin ich sportlich geworden, in meiner Kindheit habe ich Sport nicht sonderlich gemocht.

In meinem Mobiltelefon gibt es eine Nummer, die ich nie mehr wählen werde, die es gar nicht mehr gibt, bestimmt ist sie schon längst abgemeldet; aber ich kann sie nicht löschen. Sie steht unter dem Buchstaben „J“. Wie Jörg. Jörg war einer der Freunde, die ich anrief. Jahrelang traf ich ihn nur im Winter und nur im Skianzug. Wir verabredeten uns frühmorgens, obwohl wir beide Langschläfer waren. Unsere Rendezvous fanden auf Parkplätzen statt. Angeblich wechselten wir uns beim Fahren ab, meistens fuhr aber Jörg. Was Skitouren betraf, war er noch besessener als ich, behauptete regelmäßig, er sei nicht trainiert, und auf jeder Tour holte er mich irgendwann ein und ließ sich selbst nicht mehr einholen. Nach jedem unserer Ausflüge müsse er lange in der Badewanne liegen, erzählte er, müsse seine Hände einweichen, durch und durch aufwärmen und lockern, bevor er wieder arbeiten könne. Jörg war Bratschist. Er spielte bei

Kultur 22 der **Camerata Academica**, einem in S. beheimateten Kammerorchester von Weltruf. Leider habe ich ihn nur einmal spielen gehört. Das war vermutlich das erste Mal, dass wir einander nicht in Skianzügen begegneten, wir hätten uns fast nicht erkannt.

Ab und zu trafen wir uns sogar, ohne es abgesprochen zu haben auf den leicht erreichbaren Hängen in der näheren Umgebung. Da sah ich dann seine bekannte Gestalt,
Natur 23 zum Beispiel am **Schlenken**, der nur eine halbe Autostunde südlich von S. liegt. Vielleicht habe ich ihn sogar mit Jörg zum ersten Mal bestiegen. Es ist eine einfache Tour, man kann sie zwischendurch machen; noch am Nachmittag starten, wenn man zu faul war, früh aufzustehen, oder am Vormittag, wenn man nachmittags arbeiten muss oder ein Konzert spielen. Nur Konzerte waren für Jörg wichtiger als Skitouren, so mein Eindruck, der mir sehr behagte. Für mich gab es damals ebenfalls nur wenige Tätigkeiten, die mir wichtiger waren als Skitouren.

Jörg hatte eine sehr intensive Art zu gehen; ein einzelner Mensch kann eigentlich gar nicht genug Energie haben, um so intensiv zu gehen.

Eines Winters beschlossen wir, die Hochalmspitze zu besteigen. Das geht in einem Tag, sagte Jörg, wenn wir früh weggehen. Wir hatten beide keine Lust, auf halber Höhe in einer unbewirtschafteten Hütte zu biwakieren. Die Tour, die wir beabsichtigten, umfasste nämlich zweitausend Höhenmeter. Wäre ich damals nicht erst vierundzwanzig gewesen, hätte ich an so etwas nicht einmal gedacht. An dem Tag im März, den wir dafür auserkoren hatten, brachen wir um sechs Uhr morgens auf, wieder einmal etwas später, als wir geplant hatten. Bei einer Tankstelle kaufte Jörg mehrere Liter Saft und Molke, ich kaufte noch eine Tafel Schokolade. Wir fuhren ins Maltatal, versicherten einander, dass es noch sehr früh war und wir Zeit genug hatten und dass wir uns ausgezeichnet in Form fühlten. Nach einer Stunde wurde es sonnig. Jörg machte eine Pause, trank literweise Saft und Molke und schmierte sich das Gesicht dick mit Sonnencreme ein. Wir schwitzten und stöhnten und scherzten, dass wir schon erschöpft seien. Es war jetzt neun Uhr vormittags. Ich hatte einen Walkman dabei und Kopfhörer, ich hörte das amerikanische Streichquartett Kronos, fragte Jörg, ob ihm das recht sei, weil ich so nicht mit ihm reden konnte. Es war ihm sehr recht, auf Skitouren kann man sich sowieso schlecht unterhalten, der Wind zerbläst die Wörter in alle Richtungen. Nach ein paar Stunden gelangten wir ans Ende der Spur. Ich bot an vorzugehen, denn Jörg sagte, jetzt ohne Augenzwinkern, er sei müde und könne nicht mehr. Wenige Minuten später überholte er mich und war dann nicht mehr einzuholen. Ich sah ihn als immer kleiner werdenden Punkt in der Ferne, bemühte mich, ihm zu folgen. Mobiltelefon besaßen wir damals beide noch keines. Ich hörte weiterhin das Kronos Quartett und schlurfte auf der Schneeoberfläche bergan, in Jörgs Spur. Auf Tourenskiern kann man eigentlich nur schlurfen, anders kann man diese Art der Fortbewegung nicht nennen, und es ist gut, wenn man schlurft, denn man soll die Füße nicht heben, sonst wird man vorzeitig müde. Ich folgte Jörg und fühlte mich wohl. Bis ich auf einmal keinen Jörg mehr sah. Beziehungsweise sah ich einen kleinen Punkt, von dem ich nicht sicher war, ob es ein Jörg sein konnte, denn es gab noch ein paar ähnliche Punkte, die auch Jörgs hätten sein können. Oben werde ich ihn wohl treffen, dachte ich. Oben angekommen, traf ich ihn jedoch nicht. Dafür sah ich ihn auf einem anderen Gipfel stehen. Ich winkte, hatte aber nicht den Eindruck, dass er mich bemerkte. Es war eiskalt. Nicht, weil der Tag nicht schön gewesen wäre, sondern weil es schon so spät war. Ich sah, dass Jörg seinen Gipfel verlassen hatte, und begann mit der Abfahrt, die versprach, eine der längstmöglichen zu werden. Irgendwo auf halber Höhe begegnete ich ihm. Ich hätte dich nicht retten können, sagte er, als wir uns trafen. Ich amüsierte mich darüber. Später rettete er mich doch ein bisschen, weil ich bei einem Sturz einen Ski verlor, der alleine weiterfuhr, bis an die Stelle, wo ihn Jörg einfing und festhielt, bis ich dahergestapft kam. Als wir unten waren, war es bereits dunkel. Später bin ich dahinter gekommen, dass die Hochalmspitze zweigipflig ist. Einer der beiden Gipfel, der höhere, trägt das Gipfelkreuz, der niedrigere ist unvergletschert. Jörg war natürlich auf dem höheren.

Jörg ist einige Jahre später am Großglockner abgestürzt, an einer Stelle, über die ich mich ohne nachzudenken zu gehen getraut hätte.

Langsam komme ich dahinter, wo die sprichwörtliche Kultur 24 Qualität der musikalischen Darbietungen bei den **Osterfestspielen** von S. herrühren könnte. Ich erinnere mich an einen Tag, da baute mir ein Freund aus Kartonstücken und Schnur eine Konstruktion, die es ermöglichte, eine komplette Skiausrüstung – zwei Ski (je 1,65 Meter lang), Skischuhe (Größe 39) und Stöcke (nicht zerlegbar), inklusive Rucksack (der aber auf dem Rücken) – bequem auf einem Fahrrad zu transportieren. Mit diesem Rad fuhr ich zur Arbeitsstätte des Freundes, mit dem ich mich für die heutige Skitour verabredet hatte, ein Gymnasium an der Skurriles 25 **Akademiestraße.** Diese Straße besteht eigentlich nur aus Schulen: Außer einer Ansammlung von Mittelschulen findet man dort eine Pädagogische Akademie sowie diverse Universitätsinstitute. Wie üblich hatten wir uns als Treffpunkt einen Parkplatz ausgesucht, den des Gymnasiums. Nicht nur der Freund, der dort unterrichtete, wartete zwischen den herausstürmenden Halbwüchsigen, auch ein Bekannter von ihm, professioneller Cellist; er würde am selben Abend im Rahmen der Osterfestspiele im Festspielhaus auftreten. Es muss April gewesen sein. Das Gras war grün, die Luft bereits ziemlich warm und frühlingshaft. Die Passanten lächelten oder grinsten über die Ski auf meinem Fahrrad, manche machten mir Komplimente zu meiner Ausrüstung, andere griffen sich an die Stirn. Wir drei verbrachten den Nachmittag irgendwo hoch oben, wo die Welt leer war und blendend hell. Als wir zurückkamen, eilte der Cellist schleunigst ins Hotel, er hatte noch eine Dreiviertelstunde, um seine Skiausrüstung vor Konzertbeginn mit Anzug und Cello zu vertauschen. Mein Freund, der Lehrer, nahm mich (im Skianzug) mit in die Schule, wo er in Aquarien Molche züchtete; er musste die Tiere noch füttern.

Auch im Sommer unternehmen Freunde in S. spontan Dinge, die man anderswo von langer Hand planen müsste. „Ich weiß nicht, ob jemand den Zauber dieser Stadt so wie ich empfinden kann, ein Zauber, der einem das Herz traurig von übergroßem Glücke macht!“, schrieb Trakl 1908 an seine Schwester Maria Geipel.

Gegen Abend fahre ich am Fluss entlang. Es ist Juni und einer der besonderen heißen Tage. Am Radweg streift hin und wieder üppige Vegetation über Gesicht oder Arme, nach zehn Minuten ist die Stadt völlig vergessen. Sie liegt weit weg, vermutlich auf einem anderen Kontinent. Hier gibt es keine Häuser, nur einen schnurgeraden Weg ins Dickicht. Hier ist es feucht und dicht bewachsen. Überdimensionale biegsame Halme säumen die Straße. Mückenschwärme fliegen einem in den Mund, wenn man vergisst, ihn zuzumachen.

Wir müssen hier nach links, ruft Gabi. Sie fährt vor. Auf die Gepäckträger haben wir Handtücher geklemmt. Sie hat mir beigebracht, dass es gar nicht so schlimm ist, bergauf zu treten, nur eine Frage der Übung und der richtigen Anzahl von Gängen am Fahrrad. Einer unserer Lieb- Natur 26 lingsplätze ist die **Glasenbachklamm**. Der Bach, der hier fließt, heißt aber Klausbach und hat sich so tief eingeschnitten, dass an manchen Stellen viele Gesteinsschichten offengelegt wurden; wer sich auskennt, kann daraus die geologische Erdgeschichte ablesen. Die Gegend ist bekannt für fossile Funde; zum Beispiel wurde ein Fischsaurier zum Vorschein geholt. Hobbygeologen finden immer wieder etwas, eine Millionen Jahre alte Schnecke, den Abdruck eines Grases oder Baumwipfels im Stein. Wir lehnen unsere Räder gegen einen Stamm und klettern die Böschung hinunter. Der Bach führt im Sommer nicht allzu viel Wasser, aber es gibt ausgewaschene Becken, in die man sich hineinlegen kann. Rund um uns sind nur Bäume und Felsen, die Stadt scheint immer weiter weg. Ob es sie überhaupt noch gibt? Es ist schattig und kühl. Das Wasser so, dass man sofort erstarrt, sobald man damit in Berührung kommt. Gabi hat eine bevorzugte Badewanne aus hellrosa Stein. Später, als wir anderswo noch in der Sonne liegen, zeigt sie mir, wie man sich Steine auf die Augen legt. Das beruhigt, sagt sie. Wir suchen nach der richtigen Stelle, um baden zu gehen, da entdecke ich einen Blumenstrauß auf einem Moospolster, ein perfekter Strauß, sorgfältig gepflückt, mit Bedacht zusammengestellt in den Farbschattierungen Gelb und Lila. Ein Gruß der Waldgeister? Weit und breit ist niemand zu sehen. Im nächsten Moment liegen wir ganz kurz unter Wasser. Das beruhigt die Nerven, sagt Gabi. Und ich glaube, sie hat recht.

Reisauflauf

Von Kindheit an eine meiner Lieblingsspeisen. Man kann ihn als Hauptgericht servieren oder auch als (üppige) Nachspeise. Am besten schmeckt er warm. Eher für den Winter als für den Sommer geeignet. Da es in Salzburg aber auch im Sommer ganz schön kalt sein kann, vermutlich doch ein Allrounder.

* 1/4 l Milch
* 140 g Butter
* 350 g Rundkornreis
* 6 Eidotter
* 6 Eiklar
* Vanillezucker
* 4 EL Staubzucker
* geriebene Orangen- oder Zitronenschale

***

Milch zum Kochen bringen, Butter und Reis dazugeben, kochen lassen, bis der Reis weich gedünstet ist. Die Masse in eine Auflaufform geben, Eidotter unterheben, Vanille-, Staubzucker und die Zesten von Orangen oder Zitronen dazugeben. Die Eiklar zu einem festen Schnee schlagen und diesen langsam unter den Reis heben. Die Masse langsam backen.

Sauerkraut mit getrockneten Steinpilzen

Rezept von Gabriele, einer langjährigen Einwohnerin Salzburgs – natürlich gebürtige Oberösterreicherin. Die schmackhafteste Art, Sauerkraut zu essen, eine sehr bekömmliche Vorspeise und angenehm für den Magen.

* 200 g getrocknete Steinpilze
* Sauerkraut
* 2 EL Butter
* 2 EL Mehl
* Milch
* Salz
* Pfeffer

***

Steinpilze im Wald sammeln. Zu Hause in dünne Scheiben schneiden, möglichst an der Sonne trocknen; bei Sonnenmangel im Ofen, am besten bei offener Backrohrtüre. Die getrockneten Pilze bis zur Verwendung in Gläsern aufbewahren.

Butter in einer Pfanne zergehen lassen, das Mehl hineinrühren, Vorsicht, nicht zu heiß werden lassen, damit die Einbrenn (= Schwitzmehl) nicht braun wird, langsam unter ständigem Rühren einen Schuss Milch dazugeben, weiterrühren, bis das Ganze eine cremige Konsistenz hat. Klein geschnittene Steinpilze dazugeben, kurz aufkochen lassen. In einem anderen Topf das Sauerkraut aufwärmen, die Einbrenn mit den Steinpilzen dazugeben. Mahlzeit!

Musik und Mäntel

Sie schien immer einen Mantel zu tragen, obwohl alle Mäntel ausnahmslos an der Garderobe abgegeben werden mussten. Sie war blass, trug eine Handtasche unter den Arm geklemmt, kam immer allein. Ab und zu lachte sie ein wenig auf, lautlos, nur die Lippen bewegten sich. In den Pausen saß sie hinten rechts im Café am Ende des Ganges mit dem roten Läufer in der Mitte und trank eine Tasse Tee. Sie sah ein bisschen irr aus oder verwirrt, irgendetwas in ihrem Blick machte einen stutzig. Doch wenn sie kam, wusste ich sicher, dass es ein großartiges Konzert sein würde. So irr sie sein mochte, sie irrte sich nie. Man munkelte, sie sei Pianistin oder zumindest eine gewesen. Vermutlich war sie viel jünger, als sie wirkte, mit ihrem stets ein wenig vorgebeugten Gang. Qualitätsindikator nannte ich sie für mich und sorgte dafür, dass ich bei Konzerten, zu denen sie kam, rechtzeitig in den Saal schlüpfte, um zuzuhören. Mit dem „Saal" meine ich den Großen Saal des Konzerthauses der

Stiftung **Mozarteum**, wo ich jahrelang als Billeteurin arbeitete. Er ist ein Werk des Münchner Architekten Richard Berndl, der sich dem Jugendstil und Historismus verschrieben hatte, auch im Saal von S. gut sichtbar. Dieser Saal ist für mich einer der besten Orte, um in S. klassische Musik zu hören, intimer als das Festspielhaus und mit ebenfalls sehr guter Akustik. Zu den alljährlich wiederkehrenden Höhepunkten gehörten die Mozartwoche, um den 27. Jänner, Mozarts Geburtstag, und selbstverständlich DIE Festspiele. Neben dem Großen Saal gibt es einen Wiener Saal, der noch intimer ist und ab und zu sogar gratis zugänglich; an manchen Nachmittagen finden hier Klassenabende der Hochschule Mozarteum statt. Das Haus ist die Stammspielstätte des Mozarteum Orchesters und der Camerata Academica. Im Grunde vergeht keine Woche ohne einen Höhepunkt. Unter den eindrucksvollsten Künstlern, die ich gehört habe, waren der Klaviervirtuose David Helfgott, davor oder danach wurde der Film „Shine" projiziert; der Bassbariton Thomas Quasthoff mit seiner gewaltigen Stimme; der zeitgenössische italienische Minnesänger Angelo Branduardi (sogar Popmusik wurde in den 90er-Jahren ab und zu in diesem Saal gespielt).

Die Zeiten als Billeteurin habe ich irgendwie golden in Erinnerung. Das kam nicht nur durch die viele Goldfarbe, die überall in diesem Haus aufgetragen ist. Es war der herrlichste Studentenjob, den ich mir vorstellen konnte. Ohne die Zeit im Mozarteum hätte ich viele Prüfungen nicht bestanden, stundenlang saß ich, musste ich sitzen!, in den mit roten Teppichen ausgelegten Gängen auf einer der weißen Bänke, hörte durch die ebenfalls weißen Türen Musik – Sänger, Orchester, Gitarristen, Cellisten, Pianisten –, einmal sogar Handke, und lernte nebenbei Biochemie oder Botanik. War das Konzert beendet, hatte ich alle Türen auf meiner Seite des Saals wieder geöffnet, mich hinter dem Vorhang in der Garderobe unten umgezogen – für unsere Arbeit im Mozarteum gab es Kleidungsvorschriften, die Billeteure mussten schwarz-weiß erscheinen, ich trug immer einen Jugendanzug meines Onkels, den er sich noch von einem Schneider hatte machen lassen –, hatte ich ein paar hundert Schilling verdient und mich gleichzeitig auf die Prüfungen vorbereitet.

An dieser Stelle fragt sich der Leser womöglich, welche Aufgaben eine Billeteurin hat. Grundsätzlich geht es ums Kontrollieren der Tickets. Es gibt aber nur zwei Stiegenaufgänge im Haus und nur dort waren wirklich Ticketkontrollen notwendig. Wer unten keine Tickets kontrollierte – wir waren mindestens zehn Billeteure jeden Abend und wechselten unsere Rollen ab –, wies daher den Besuchern oben die Plätze zu.

An Sonn- und Feiertagen bekamen wir doppelt so viel bezahlt, eine glückliche Fügung, denn vor allem an Feiertagen gab es die meisten Konzerte, für die ich mich immer unverzüglich meldete. Dann flirrten die Gänge, man roch die teuersten Parfums, Schmuck und weiße Hemdkrägen blitzten, Abendkleider streiften mich, wenn ich an der Türe des Saals ausharrte, bis alle Besucher auf ihren Plätzen gelandet waren. Immer wieder gab es jemanden, der versuchte, einen Mantel hineinzuschmuggeln. Mäntel waren aber feuerpolizeilich verboten, genauso wie Taschen, die eine gewisse Größe überschritten, so unser oberster Billeteur. Trotz erheblichen Widerstandes wurden die Damen und Herren mit Mänteln oder Taschen zurück in die Garderobe geschickt. Nur die blasse Pianistin, mein Qualitätsindikator, durfte ihren Mantel mitnehmen, besser gesagt, wenn ich sie bemerkte, war sie einfach immer schon mit Mantel drinnen.

Zu meinen Aufgaben gehörte auch, dafür zu sorgen, dass jemand, der zu spät kam, nicht einfach in den Saal stürmte, sondern auf den weißen Bänken im Gang Platz nahm und wartete, bis geklatscht wurde. Nur während des Applauses durfte man den Saal betreten. Nicht alle Zuspätkommer sahen die Notwendigkeit dieser Vorkehrung ein. Ich erinnere mich an manches wilde Auf- und Abmarschieren auf den roten Teppichen im Vorhaus, ich die Türen bewachend, der Konzertgänger, mit seiner Karte in der Hand wedelnd, in der Absicht, an mir vorbei hineinzuschlüpfen. Es war nicht immer einfach, die Herrschaften davon zu überzeugen, dass man jedes laute Wort tatsächlich auch drinnen im Saal gut hören konnte. In der Pause lagen Wangenküsse in der Luft, die zarten Grüße älterer, vielleicht prominenter Gäste in modern geschnittenen Trachtenkleidern und -anzügen. Leider hat nie jemand einen Diamantring oder eine goldene Krawattennadel in der Toilette am Rand des Waschbeckens vergessen. Das einzige, das jemand einmal vergaß, war eine Zigarette. Und zwar in der Packung Buttermilch, die ich einen Moment lang unter eine der weißen Bänke gestellt hatte.

Andere reisten fürs Silvester- und Neujahrskonzert extra von weither an, für mich war es einfach ein Job, der kurz vor Mitternacht im alten Jahr endete. Aber natürlich doch nicht einfach ein Job. Die Konzerte waren herausragend und sobald ich das Mozarteum verließ, bebten die Brücken unter einer Masse sich zuprostender Italiener. So barock es war, es entbehrte nicht einer gewissen Großartigkeit.

Immer wieder kam es zu Verwechslungen, weil die Universität Mozarteum im Sprachgebrauch genauso als „Mozarteum“ abgekürzt wird wie das Konzerthaus der

Stiftung Mozarteum. Immer wieder gelang es mir, Freunde und Mozarteumstudenten in Konzerte zu schmuggeln. Ich entdeckte damals, dass ich für berufliche Tätigkeiten, die Kontrollen einschließen, gänzlich ungeeignet bin. Solang ich wusste, dass es noch Plätze im Saal gab, sah ich nicht ein, warum ich diese nicht an Leute vergeben sollte, die das Konzert unbedingt hören wollten, aber nicht genug Geld für das Ticket hatten. Musikstudenten mit Geigenkasten unterm Arm erklärte ich für unsichtbar, sie kannten den Hintereingang, kamen von der Unterrichtsstunde direkt ins Konzert. (Zu den „berühmten" Studenten, mit denen das Mozarteum sich schmückt, gehören übrigens Thomas Bernhard und Udo Jürgens.)

Als Billeteurin habe ich gelernt, dass es immer noch einen freien Platz gibt, wie ausverkauft der Saal auch sein mag.

Jemand, dessen Werk an sich womöglich noch berühmter – wiewohl auch überschaubarer – ist als das des (ungefragten) Namensspenders des Mozarteums und der fast genau ein Jahr nach dem Tod Mozarts geboren wurde, am 11. Dezember 1792, stammt ebenfalls aus S.: Joseph Mohr, der Verfasser des Liedtextes von „Stille Nacht". Mohr wurde im Haus Nummer 31 der Steingasse geboren und wuchs hier auch auf. Er besuchte das akademische Gymnasium und studierte später Theologie an der Universität S. Im hiesigen Dom wurde er zum Priester geweiht und blieb zeitlebens in der Gegend. Als er im Alter von 56 Jahren starb, ahnte er nichts vom Welterfolg, den das Lied haben würde, dessen Text er sich ausgedacht hatte. Uraufgeführt wurde es, unter Mitwirkung des Melodiekomponisten Franz Xaver Gruber – er allerdings wurde nicht in S. geboren –, auch nicht weit von S., in einer kleinen Kapelle, die heute zu Oberndorf gehört. Das

Kapitelplatz

wäre wieder ein Ausflug für Radfahrer. Auf dem Radweg die Salzach flussaufwärts immer gerade aus bis zur Brücke, die links über den Fluss nach Deutschland hinüberführt, direkt in den Ort Laufen; da noch ein Stückchen weiter, und wo der Fluss eine scharfe Biegung macht, geht es rechts zur Stille-Nacht-Kapelle. Als **Mohr** das Lied (28 Geschichte) schrieb, war er noch Pfarrer in Mariapfarr. Erst zwei Jahre später, 1818, dann in Oberndorf tätig, führte er es zusammen mit Gruber, der als Aushilfsorganist angeheuert worden war und in diesem Fall Gitarre spielte, zum ersten Mal auf.

All das wird den Besucher von S. wenig überraschen. Jeder, der hierher kommt, weiß, S. hat etwas mit Musik zu tun. „The world's capital of music", sagte kürzlich ein New Yorker Grenzbeamter am JFK-Flughafen nach eingehender Betrachtung meines Passes. Da ich ein bisschen Angst hatte, mein Pass sei für eine Einreise in die USA nicht mehr lange genug gültig, nickte ich eifrig. Und dachte dabei an Wien. Klar, Wien ist die Musikhauptstadt der Welt in den Köpfen derer, die nicht dort wohnen. Falsch gedacht, stellte sich im folgenden Kurzgespräch mit dem New Yorker Grenzbeamten heraus; er meinte S. Mein Pass war in S. ausgestellt, also nahm er an, dass ich alles, was er zu mir an Komplimentösem über eine Stadt sagte, auf S. beziehen würde. „Mozart, the best in the world", sagte der Grenzbeamte. Vielleicht nur, um mir eine Freude zu machen.

Es gibt auch andere Töne. Gleich hinter dem nagelneuen Sportzentrum (früher war hier ein Fußballfeld) fangen sie an. Bunte, aufeinander gestapelte Betonschachteln und große Glasflächen. Deutliche Flächen, weg mit den Schnörkeln. Rot, blau, gelb. Das ist die **ARGE Salzburg**. (29 Kultur) Der Verein bezwecke die Förderung und Verwirklichung demokratischer Strukturen im soziokulturellen Bereich, heißt es. Die ARGE, ausführlicher ARGEkultur, d. h. Arbeitsgemeinschaft Kulturgelände, entstand Anfang der 1980er-Jahre aus Demonstrationen und Aktionen gegen die gefestigte Festspielkultur in S. So sehr sie mittlerweile selbst eine Institution geworden ist, die ich mir aus S. gar nicht mehr wegdenken kann, so kontroversiell war sie in ihren Anfängen. Bevor sie vor wenigen Jahren in diesem stabilen Bau Quartier bezog, befand sie sich lange Zeit in einer Art Baracke, bei der immer wieder angebaut wurde. Das Barackenhafte passte allerdings ganz gut zu den Baracken, die in ihrer unmittelbaren Nähe standen: die Institute für Romanistik, Germanistik und Sprachwissenschaft der Universität Salzburg. In den 1960er-Jahren waren diese Institute als Übergangslösung in geschwind hingestellten Plattenbauten untergebracht worden. Dort logieren sie bis dato. Ab Herbst 2011 bekommen sie allerdings, nach fünfzig Jahren Provisorium, tatsächlich einen Neubau; den von den Hannoveraner Architekten Storch, Ehlers & Partner geplanten **Unipark Nonntal**, einen zweigeschoßigen, transparenten Bau auf Sockeln – den Modellen und Skizzen zufolge ein vielversprechendes Projekt. Modern. Groß. Anstelle der bisherigen Plattenbauten sollen Grünanlagen kommen. S. wandelt sich. Doch Häuser sind nicht alles.

Geschichte 30

In der alten ARGE, der grundsätzlich provisorischen, habe ich einige außergewöhnliche Konzerte gehört. Dort bin ich zum ersten Mal auf einem Ball gewesen, der ein Fest der Homosexualität war. Und es gab dort einen herrlich improvisierten Gastgarten. Auch in der heutigen ARGE gibt es noch ein schönes Café und weiterer Pluspunkt für mich: Ein Freund von mir ist Hausmeister. Und was nicht noch alles.

Ebenfalls einen schönen Gastgarten und etwas experimentellere Musik hat das **Jazzit**. Vom Wort Jazz darf man sich nicht verwirren lassen, es gibt Elektronisches, DJs, Crossovers und, ja, auch Jazz. Architektonisch weniger auffallend als die ARGE, ist es dunkler, kerzenlichtiger, irgendwie auch rötlicher, da herrscht immer so ein Schimmer. Eines der wenigen Lokale in S., in das man durchaus alleine gehen kann und, wenn man will, doch Gelegenheit zum Gespräch haben wird. Auch das Bier schmeckt. 31 Kultur

Spaghetti mit Orangen und Tomaten

Die Nähe zu Italien zeigt sich auch in der Küche. In vielen Salzburger Familien wird regelmäßig Pasta gekocht. Auch wenn sich die Italiener für die besten Köche der Welt halten, ein Hauch Salzburger Erfindungsgeist macht dieses Gericht zu einem Gedicht.

* 500 g Spaghetti Nr. 5 (für 4 Personen)
* 1–2 Orangen (je nach Größe)
* Olivenöl
* Peperoncino
* 400 g Tomaten
* Salz
* Weißwein
* schwarzer Pfeffer
* frische Petersilie
* frischer Koriander
* Parmesan oder Grana

***

Orangen klein schneiden. In einer Pfanne Öl erhitzen, Peperoncino zwischen den Fingern zerreiben und ins heiße Öl geben, Orangenstückchen dazu, kurz anrösten, die ebenfalls klein geschnittenen Tomaten hinzufügen, mit etwas Weißwein aufgießen, salzen, dünsten lassen, bis ein feines Sugo entsteht. Petersilie und Koriander hacken, erst ganz am Schluss daruntermischen.
Nebenbei in einem großen Topf Salzwasser zum Kochen bringen. Spaghetti hineingeben und bissfest kochen, d. h. so, dass beim Beißen noch ein harter Kern spürbar ist. (Ein möglicher Test wäre auch, sie an die Zimmerdecke zu werfen. Wenn sie kleben bleiben, sind sie richtig. So erlebt in manchen Haushalten.) Abseihen. In eine Schüssel geben und gut mit dem Sugo vermischen, Pfeffer darüberreiben, mit geraspeltem Parmesan oder Grana servieren.

Essen, Trinken, Tote und Gastgärten

Da kann man ja vom Boden essen, höre ich von Bekannten, die S. das erste Mal besuchen. Reflexartig versuche ich, diese Aussage zu entkräften. Schau, alles voller Zigarettenstummel, sage ich, schau, überall Glasflaschen, sogar Scherben, schau, lauter zerrissene Pommesstanitzel am Straßenrand. Dass jemand meint, in S. könne man vom Boden essen, berührt mich unangenehm, es klingt falsch, unmenschlich; eine Stadt, in der die Straßen rein sind wie Teller. Mit so einer Stadt will ich nichts zu tun haben. Ich bemühe mich, Schmutzreste für die Augen meiner Besucher zu erspähen. Weise penibel auf alle Unzulänglichkeiten, Unfertigkeiten, Dreckigkeiten hin, zähle die Viertel auf, in denen es aller Voraussicht nach nicht so sauber ist wie in der geputzten Innenstadt, spreche von Itzling, Liefering, von der Gegend Richtung Flughafen, davon, dass ich einmal eine Ratte gesehen habe. Einmal?! Ich sehe

Residenzplatz

jede Woche welche, kontert jemand aus Rom, das ist nicht nur das Klima. Ich zeige auf ein paar finstere Winkel, in denen sich undefinierbares Material versammelt. Das ist kompostierbar, lautet die Antwort, das ist nicht wirklich Dreck. Gib es zu, finde dich damit ab. Wir sind in einer Stadt, die so sauber ist wie ein Esstisch, wenn schon kein Teller. Ich finde mich ab, höre aber nicht auf, nach dreckigen Ecken zu fahnden.

Was würde jemand gern essen? Jemand, der in S. lebt. Jemand, der, wie ich, nicht vom Boden essen möchte? Ich sage es gleich, Salzburger Nockerl sind es nicht, Salzburger Nockerl sind unter den Gerichten, was der „Sound of Music“ in der Musik ist, Einheimische haben sie vielleicht einmal gekostet, höchstens zweimal, wenn sie häufig Besuch aus dem Ausland empfangen. Wie sie gemacht werden, weiß niemand. Ich spreche aus der Erfahrung einer mehr als zehn Jahre in S. hauptgemeldeten Einwohnerin der Stadt. Zweimal in meinem Leben habe ich Salzburger Nockerl gegessen, beim ersten Mal war ich zweiundzwanzig Jahre alt, beim zweiten Mal befand ich mich nicht in S., sondern, ja genau, wieder einmal: in Ischl. Meine Salzburger Nockerl in S. aß ich im **St. Peter** 32 Kulinarik
Stiftskeller. In diversen Reiseführern heißt es, er sei einst die Weinlagerstätte der Bischöfe gewesen, weiters, er sei die älteste Gaststätte Europas, nämlich aus dem Jahr 803. Anderen Quellen zufolge war dieser Keller ursprünglich das Gästehaus der Benediktinermönche. Wie dem auch sei. Authentischer als hier wird es nicht mehr. Barocksäle, Prunkräume, Felsenstüberl, ein Innenhof, teilweise überdacht und ideal für sommerliche Gelage, ein Zimmer, das Haydn gewidmet ist, ein nach dem heiligen Virgil benannter Salon, sogar eine Stube für Petrus; all diese Räume kann man mieten oder man kann einfach herein-

schneien und hoffen, dass ein Sitzplatz frei ist. Wo ich damals meine Nockerl gegessen habe, weiß ich nicht mehr. Ich weiß, dass es war, um Gäste auszuführen, dass meine Schwester damals im Rahmen eines Praktikums dort kellnerte, dass sie fand, sie würde ausgebeutet und schlecht bezahlt, dass alles Servierpersonal adrett gekleidet war und vermutlich angehalten, nie zu lächeln, dass mir meine Nockerl gut gemundet haben, ich nur erstaunt war, sie in der Form serviert zu bekommen, in der ich sie serviert bekam. Nämlich nicht als Nockerl, sondern als eine Art Auflauf in einer ovalen Form mit leicht gewellter Oberfläche. Es schien sich eigentlich nur um geschlagene, im Rohr gebackene Eier zu handeln. Aber schmackhaft, wirklich. Teilen sei empfohlen, wer auf seinen Cholesterinspiegel achtet.

Nockerl betreffend darf der Wiener Schriftsteller und Kulturphilosoph Egon Friedell für eine Anekdote aus Friedrich Torbergs „Tante Jolesch" herhalten. Gäste aus dem benachbarten Deutschland waren vom Geschmack der gerade verzehrten Salzburger Nockerl so entzückt, dass sie das Rezept haben wollten. Der Wirt wollte es nicht herausrücken, nach langem Überreden gab er schließlich doch nach. Die Dame notierte sorgfältig alle Zutaten, die er ihr diktierte, erkundigte sich zuletzt, ob denn nun wirklich nichts fehle. Nein, nichts, bestätigte der Wirt. Als er gegangen war, wandte sich der am Nebentisch speisende Friedell an das deutsche Ehepaar.

„Verzeihung, gnädige Frau – Sie haben nicht alles."

„Nicht? Was fehlt mir denn noch?"

„Sechshundert Jahre Habsburg", sagte Friedell.

Geschichte 33 Im Stift Sankt Peter befindet sich ein schöner **Friedhof** – besonders in einem absichtslosen Licht im Spätherbst oder manchmal kurz vor der Dämmerung; die direkt an den Fels gebauten Katakomben besitzen für meine Augen etwas Griechisches. Wer auf der Suche nach Berühmtheiten ist, findet mehrere Bürgermeister von S., Hofmaler, Architekten, Dirigenten, Kunsthistoriker, Schauspieler, Domkapellmeister, Librettisten und nicht zuletzt eine Frau mit dem klangvollen Namen Maria Anna von Berchtold zu Sonnenburg, Mozarts Schwester. Wer den Bruder sucht, der sucht vergeblich. Sein Grabmal ist nämlich in Wien.

Weitere Mitglieder der Familie Mozart finden sich auf der rechten Flussseite. Vater und Gattin Mozart liegen auf dem **Sebastianfriedhof**, einem kleinen, feinen Totenpark aus dem 16. Jahrhundert, der nicht mehr genützt wird. Er steht schlicht zur Schau, versteckt in einer Ausstülpung der Linzergasse, und kann auch was herzeigen, nämlich seinen durch den italienischen Baumeister Andrea Bertoleto importierten südlichen Charme. Der Baumeister war übrigens angeblich der erste hier Begrabene. Er erlebte die Fertigstellung des Friedhofs gar nicht. 34 Geschichte

Essen kann ein Toter nicht mehr. Was also muss man, solange man leibt und lebt und sich in S. aufhält, unbedingt gegessen haben? Diese Angelegenheit sehe ich etwas einseitig, aus der Sicht einer, die keine landlebenden Tiere verspeist. Ich habe den Verdacht und auch den einen oder anderen Beweis dafür, S. ist für Vegetarier, sogar wenn sie Fische zu den Pflanzen rechnen, ein schwieriges Pflaster. Falls man Ortstypisches essen möchte, das nicht aus einem Stück landlebendem Tier besteht, wird man in den meisten Gasthäusern auf Kasnockn verwiesen, mit grünem Salat (z. B. bei „Andreas Hofer" in der Steingasse). Durchaus sehr füllend und gar nicht so ungesund; besonders nicht, wenn man am nächsten Tag etwas Sportliches vorhat. Nockerl haben immer Saison, auch mit Spinat, dann Spinatnockerl genannt, Kürbissuppe, Zwiebelsuppe – ja, klingt französisch, doch es fällt mir ein, wenn ich an Suppen und S. denke. Oder an S. und Suppen.

„Mein Herr, darf ich Ihnen das Fischl filetieren?“, fragte ein Kellner in S. meinen Freund Dietmar aus Jena, als er einen Saibling bestellte. Dietmar nennt das nun sein liebstes Erlebnis in S. „So was gibt es nicht in Deutschland, nirgends“, schreibt Dietmar, der Österreich immer „the benefit of the doubt“ gibt. Ein Saibling aus S. kann nie schaden. Eine Forelle auch nicht. Wo man das am besten isst? Zu Hause.

Was man in S. getrunken haben muss, lässt sich leichter sagen. Mindestens ein Bier. Also, wenn Sie nie Bier trinken, bitte ein Bier in S. Wenigstens daran nippen. Dafür empfiehlt sich die Weißbierbrauerei, auch genannt
Kulinarik 35 **„Die Weiße“**. Das lokal gebraute Bier schmeckt nach Banane, der Gastgarten ist angenehm und bietet Gelegenheit, Bewohner von S. zu beobachten. (Zu späterer Stunde lassen sie womöglich sogar mit sich reden.) Wer lieber normalfarbiges Bier trinkt, begebe sich ins soge-
Kulinarik 36 nannte **„Müllner Bräu“**, mit vollem Namen Augustiner Bräu Kloster Mülln, noch größerer Gastgarten und direkt gegenüber dem Landeskrankenhaus gelegen. Kein Ort zum Alleinsein, bestimmt nicht, aber alle Einheimischen, die ich kenne, sind dort schon einmal gewesen, manche sogar regelmäßig. Ich wüsste nicht, was dagegen spräche; höchstens das Self-Service.

Wo ich wirklich gerne esse, ist dort, wo man bedient wird und das Alpenländische sich auf ein einziges Gericht auf der Speisekarte reduziert: eine Kartoffelsuppe. Das Lokal, das ich immer erst finde, wenn ich alle umliegenden Seitenstraßen umrundet habe, ist das „Taj Mahal“ in Schallmoos. Tschukander Goscht lautet der klangvollste Name auf der Speisekarte, zartes Lammfleisch mit roten Rüben, dazu Basmatireis, bestellen würde ich etwas anderes (siehe Vegetarier), aber es klingt herrlich. Soll es doch regional gefärbt sein, hat der **„Weiserhof"** ganz in der Nähe – übrigens auch des Bahnhofs, die Fußgängerbrücke nach hinten hinaus nehmen – Nockerl, Knödel, Schnitzel, nach Jahreszeit Eierschwammerl, besonders exquisite Nachspeisen und den romantischsten Gastgarten von allen. Ein bisschen Fusion aus dem Mediterranraum. Ganz am Schluss: Marillenschnaps. 37 Kulinarik

Wer im Stehen essen mag oder zu später Stunde, den würde ich, sofern er nicht meine Essgewohnheiten hat, zum **Bosnastandl** in einem der Durchhäuser zwischen Getreidegasse und Grünmarkt schicken, es ist die Passage kurz bevor man zum „Hotel Goldener Hirsch" kommt. Man sagt sogar, die Bosna wurde in S. erfunden, und zwar von einem Zuwanderer aus Bulgarien mit dem schönen Namen Zanko Todoroff. Er hatte 1949 im Gastgarten des Müllner Bräu einen Grill stehen und hatte damit überragenden Erfolg. So überragend, dass jetzt diverse Städte um die Erfindung der Bosna wetteifern. Ach ja: Eine Bosna ist eine schwarf gewürzte Bratwurst in einem getoasteten Weißbrot, garniert mit Zwiebeln, Senf und rotem Paprikapulver. 38 Kulinarik

Salzburger Nockerl

Meine Umfrage unter den Bewohnern von Salzburg hat zwar ergeben, dass niemand, der länger als drei Jahre in dieser Stadt lebt, eine Ahnung davon hat, wie man Salzburger Nockerl macht, trotzdem oder eigentlich genau deswegen kann es kein Buch über Salzburg geben, in dem sie nicht beschrieben werden. Prinzipiell gibt es zwei Arten der Zubereitung: die eine behandelt die Nocken einzeln, bevor sie serviert werden; die andere serviert sie als eine Art Auflauf.

* Butter
* 5 Eidotter
* 1 Messerspitze Mehl
* 2 Messerspitzen Zucker
* 3 Eiweiß
* Milch
* Vanillemark

Oder (m)eine Variante:
* Butter
* 10 Eiweiß
* Zucker
* Vanillemark
* 6 Eidotter
* 6 EL Mehl

***

In einem Topf ein eigroßes (laut Originalrezept!) Stück Butter zerlassen, mit den Eidottern, dem Mehl, dem Zucker und dem Schnee der Eiweiße verrühren. Eine Handbreit Milch in einer Pfanne zum Kochen bringen, ein nussgroßes Stück Butter darin zerlassen, Vanille dazugeben. Sobald die Milch siedet, wird der Teig hineingegossen. Pfanne zudecken, Herd zurückdrehen und einige Minuten so stehen lassen. Dann den Deckel heben und den Teig mit einem Esslöffel stückweise umdrehen. Die ausgestochenen Nocken sofort auf den Tisch bringen.

(M)eine Variante:
Das Eiweiß zu Schnee schlagen, nach und nach Zucker und Vanille dazumischen, währenddessen weiterschlagen, Eidotter und Mehl ganz vorsichtig unterheben. Zerlassene Butter in eine Auflaufform gießen, die Teigmasse darin mithilfe eines Löffels zu drei oder vier großen Nocken formen und im heißen Rohr einige Minuten backen lassen. Die Tür des Backrohrs dabei nicht öffnen. Ohne Zögern servieren!

Zitronenauflauf

Eine ganz einfach zuzubereitende, sehr exquisite Nachspeise bringt eine südliche Stimmung in jeden Regentag. Die hier angegebene Menge stammt aus einem hundert Jahre alten Kochbuch und ist vermutlich eher nicht für einen Singlehaushalt gedacht.

* 1 (unbehandelte) Zitrone
* 140 g Butter
* 140 g Zucker
* 10 Eidotter
* 5 Eiklar
* 140 g geschälte, geriebene Mandeln

***

Die Zitrone kochen, mit einer Gabel zerquetschen und mit Butter, Zucker und Dottern abtreiben. Aus den Eiklar Schnee schlagen und die Mandeln daruntermischen. Die Zitronenmasse unterheben. In eine mit Butter gut ausgeschmierte Form füllen und sehr langsam backen. Wenn der Auflauf ausgekühlt ist, kann man ihn mit Schlagobers servieren.

Tiere in S.

Flamingos, ganz in der Nähe des Schlosses Leopoldskron, in einem der Weiher in diesen nassen Wiesen, wo ich mit dem Fahrrad abkürzte. Sie hatten gestutzte Flügel, sonst wären sie nicht geblieben. Schildkröten, in manchen langsam strömenden Bächen, mit roten, leuchtenden Wangen, in manchen ausgestellten Tümpeln, in der Orangerie im Mirabellgarten sind sie am größten, im Gewächshaus der Naturwissenschaftlichen Fakultät an der Hellbrunnerstraße. Dort studieren sie Flusskrebse in fließenden und stehenden Gewässern, früher so häufig, dass sie gegessen wurden, heute so selten, dass man sie nicht erkennt, häuten sich, wenn sie wachsen und wenn sie erwachsen sind etwa drei Mal pro Jahr. Gemsen mitten in der Stadt, Gämsen. Gleich über den Einkaufsstraßen sollen sie leben, von der Linzergasse aus bergan, durch ein Tor, ein steiler Weg hinauf, an sechs barocken **Passionskapellen** vorbei, an den Kapuzinern vorbei und da ist man im Wald zwischen

Rehen und Dachsen. Einen Fuchs habe ich auch noch nie gesehen. Aber gesichtet wurden sie alle. Registriert. 1, 2, 3 – in die Hunderte. Wirklich heimisch: Katzen und Hunde. Ist man den Hunden erfolgreich ausgewichen und kommt beim **Franziskischlössl** an, kann man sich fast zweihundert Höhenmeter Steigung zugutehalten, unter Umständen im Wirtshaus feiern. Etwas höher noch ein Hochgebirge, gleich hinter der Stadt, mit der Bahn am Seil ist man leicht oben, kaum eine halbe Stunde: weiße Fellwechsler, Schneehasen, im Sommer braun, im Winter wie Schnee, zwitschernde Alpenbraunellen – also ich spreche wieder vom Haus- und Tafelberg, der direkt aus der Ebene aufragt, als wäre er jemand gelegen gekommen, **Untersberg**. Raufußkäuze, Rothirsche. Braune Langohren, kopfüber in Höhlen lebend. Eschenscheckenfalter in Jungwäldern, wo die Bäume in die Schule gehen. Der Skabiosenscheckenfalter liebt Lungenenzian und Teufelsabbiss auf Pfeifengras. Eine Gelbringfalterraupe lockt man mit frischen Zwenken, das sind süße Gräser.

40 Kulinarik

41 Natur

Greifbarer, südlich der Stadt, am Ende der zweieinhalb Kilometer langen Joggerstrecke oder herrschaftlichen **Hellbrunner Allee** aus dem 17. Jahrhundert („dies ist die älteste erhaltene Allee Mitteleuropas") und klarerweise einst im Auftrag eines Fürsterzbischofs errichtet, liegt der Tiergarten Hellbrunn. Ich würde zu Fuß gehen, an einer schier endlosen Reihe uralter Bäume, an Herrensitzen, Gärten entlang. Egal in welcher Witterung, das ist einer der schönsten Spazierwege, die ich kenne, nicht nur was S. betrifft, gänzlich autofrei. Im Vorbeigehen kommt man an einer Außenstelle der Universität Mozarteum vorbei, der Fronburg, ein Teil davon ist Studentenwohnheim. Die Musiker haben hier wirklich Glück, und vielleicht hat auch der Spaziergänger Glück und es gibt sogar ein über-

42 Natur

raschendes Konzert. Das Eingangstor ist schmiedeeisern.
Skurriles 43 Drinnen umarmt auf einem **Wandbrunnen** ein Delphin eine junge Frau. Am Ende der Allee über die Straße, rechts und links schauen, einigen Bussen ausweichen, die dort immer rangieren, einen Parkplatz überqueren, eines der schmalen Tore in der gelben Mauer nehmen, noch ein paar Minuten durch den Park des Lustschlosses Hellbrunn, da ist der Eingang zu den kontrollierten Tieren.

Die ersten sind die Alpensteinböcke, sie klettern auf natürlichen oder natürlich wirkenden Felsen, die sich da anbieten, passen gut in die Kulisse, über das Feld hinaus, eben grün wie es grüner nicht mehr geht – wer aus einem trockenen Land kommt, der muss glauben, ein Riese hat Farbstoffe über der Landschaft ausgeschüttet. Der Tiergarten schlängelt sich um eine bewaldete Anhöhe und dann erspäht man Ungewöhnliches. Lemuren mit schwarzweiß geringelten Schwänzen, sogenannte Kattas aus Madagaskar, vor schneebezuckerten Bergspitzen, für die Savanne gebaute, schwere graue Dickhäuter wälzen sich im Staub, Breitmaulnashörner sind das, und hinter ihnen eine großartige Alpenkulisse. Neben heimischen Tieren wie Fischotter, Luchs, Bär, Wolf, Ziegen, Schafen, Zwergmäusen, Hausmäusen und – hier mit Sichtgarantie und Umlaut – Gämsen gibt es eine Vielfalt von dem, was man in einem Zoo erwartet: ein Affenhaus, ein Löwenhaus, Kamele, Tiger. Zum Besonderen gehören eine kleine Herde Przewalski-Pferde und einige frei fliegende Weißkopfgeier. Die Geier brüten am ungefähr fünf Kilometer entfernten Untersberg und kommen mit ihrem Nachwuchs regelmäßig zur Futterstelle. „For some, there is something
Natur 44 like a free lunch.“ Es ist ein schöner **Zoo**.

Geschichte 45 Ein ganz anderes Tier ist der **Salzburger Stier**. Er brüllt jeden Tag drei Mal, um sieben, elf und achtzehn

Uhr. Wenn er dann wieder still ist, fängt das Gebimmel des Glockenspiels an. Seine Stimme ist gewaltig. Man weiß, er sitzt oben in der Festung im Turm und trotzdem ist er, solange es keine aktiven Baustellen gibt, bis zu den Plätzen hinunter zu hören. Er ist erstaunlich alt, mehr als fünfhundert Jahre, stammt tatsächlich aus dem späten Mittelalter und verfügt über ungewöhnliche Organe: zweihundert Pfeifen aus Zinn. Stünde er nicht in S., würde man ihn wahrscheinlich Walzenorgel nennen, oder Hornwerk. Oder einfach die Frühform eines Weckers.

Trotz seiner Masse allzeit bereit, sich chamäleonartig den Umständen anzupassen, nimmt er bei Gelegenheit die Form eines Kleinkunstpreises an, der alljährlich an Kabarettisten aus dem gesamten deutschsprachigen Raum verliehen wird; bei anderer Gelegenheit wiederum die einer Geschichte:

Anfang des 16. Jahrhunderts, zur Zeit der Bauernaufstände, wurde S. belagert. Durch Unterbindung jeglicher Lebensmittelzufuhr wollte man die Stadt und vor allem den Erzbischof dazu bringen, sich den Aufständischen zu ergeben. Als Reaktion darauf führten die Bewohner der Burg erstens strenges Fasten ein und zweitens griffen sie zu einer List. Es gab noch einen einzigen wohlgenährten Stier auf der Festung, ein geflecktes Tier. Den führte man an einer exponierten Stelle vor, sodass die Feinde ihn aus der Ferne sehen konnten. Am folgenden Tag wurde er weiß angemalt und wieder vorgeführt. Danach wuschen sie ihn und malten ihn am dritten Tag schwarz an. Dann wuschen sie ihn wieder und malten ihn wieder anders an. Und so weiter. Die Feinde sahen das mit Schrecken, glaubten, die Belagerten hätten noch immer Vorräte im Übermaß und zogen ab. Von da an nannte man die Bewohner von S. schlicht Stierwascher. So wird erzählt und weiter gezählt.

Flusskrebse

Wild gefangene Süßwasserkrebse schmecken zart wie Hummer. Die einst in Salzburger Gewässern sehr häufigen heimischen Edelkrebse sind in Folge von Krankheiten und Wasserverschmutzung mittlerweile fast ausgestorben. Auswilderungsversuche in zuflusslosen Seen scheinen aber erfolgversprechend. Der Großteil der Krebse, die man derzeit in österreichischen Gewässern findet, sind aus Nordamerika eingewanderte Signalkrebse. Sie kann man sich ohne schlechtes Gewissen munden lassen.

* 20–25 Stück Flusskrebse (je nach Anzahl der Gäste auch mehr)
* Wasser
* Knoblauch
* Salz
* Kümmel
* Karotte
* Petersilie
* Dille
* 1/4 l Weißwein
* Pfeffer
* Ingwer
* Muskatnuss

***

Wasser zum Kochen bringen, zerdrückten Knoblauch, Salz, Kümmel, Karotte und die gehackten Kräuter dazugeben, nach ein paar Minuten die Krebse hineinwerfen (wenn möglich lebend), Weißwein dazugießen. Die Tiere kochen, bis sie gar sind, – je nach Größe dauert das 15–20 Minuten – in einer Pfanne kurz in Butter schwenken, mit Salz und Petersilie würzen. Einen Teil des Kochsuds einkochen und mit Weißwein anreichern. Die Soße zu den Krebsen servieren.

Gemsenbraten

Bei manchen Wörtern fällt es ungleich schwerer als bei anderen, sich an eine neue Rechtschreibung zu gewöhnen. Ich habe noch niemanden kennengelernt, der freiwillig Gämse mit ä geschrieben hätte. Das Rezept zur Zubereitung dieses seit Generationen zu festlichen Anlässen aufgetischten Tieres hat sich seit vielen Jahrzehnten nicht verändert.

* 1 kg Gemsenschulter
* 60 g Selchspeck, in Streifen geschnitten
* Salz
* Pfeffer
* Wacholderbeeren
* 1/2 kg Wurzelwerk
* Pfefferkörner
* 1 Zwiebel, in Ringe geschnitten
* 50 g Fett
* Lorbeerblatt
* Thymian
* Muskatnuss
* Zitronenschale
* Weinessig
* 1/4 l Rahm
* 2 EL Mehl
* Rotwein

***

Die Schulter häuten, sofern sie noch nicht gehäutet ist, mit Speckstreifen spicken, salzen, pfeffern und mit zerdrückten Wacholderbeeren einreiben. Das Wurzelwerk (= Wurzelgemüse wie z. B. Karotten, Knollensellerie, Lauch, Petersilienwurzel) blättrig schneiden, mit der Zwiebel in Butter anrösten, die Schulter darin rundum anbraten, würzen, mit Essigwasser aufgießen und zwei Stunden zugedeckt braten. Das Fleisch herausnehmen, portionieren, die Sauce, in der es gelegen hat, mit Rahm und Mehl versprudeln, mit Rotwein abschmecken, noch einmal aufkochen lassen. Mit Knödeln oder Erdäpfeln auf den Tisch bringen.

Das vererbte S.

Wie soll ich sagen? ... es ist ... schon ... eigentlich vergeben, weil es allen gehört, gehört es niemandem. Ich schreibe über eine Stadt, die die Welt geerbt hat. Ohne dass jemand gestorben wäre, legte man sie ihr zu Füßen. Die Welt bückte sich nicht einmal, lächelte ein kleines, scheues Lächeln und nahm das Erbe zur Kenntnis. Ablehnen stand nicht zur Debatte. Die Welt bekam die Stadt, weil die Stadt alt war und einmalig; weil sie eine Burg
Geschichte 46 hatte, einen Berg, einen Fluss, seltene **Viertel mit Häusern, die immer im Schatten liegen**. Weil hier Menschen einen Berg in der Mitte durchzuschneiden versuchten, der ihnen im Weg lag, und dann wurde der Schnitt doch nur ein Tunnel. Weil man hier in der Gegend Bier als Getränk allem anderen vorzieht und auch in langen Wintern immer kühl trinkt oder heiß isst.

„Es freut mich, dass Du nach S. fährst“, schrieb mir

Das Sigmundstor (im Volksmund „Neutor“) verbindet die Altstadt mit dem Stadtteil Riedenburg.

Dietmar, als ich ihm von meinem Unterfangen berichtete, „mir gefällt die Stadt, aber sie ist mir ein bissel zu eng und zu noblig; und ich hätte mich vielleicht auf den Spuren Trakls folgen sollen, war aber eher auf den Wolferl aus und hab mich auch mal an Max Reinhardts **Schloss Leopoldskron** begeben, und an Egon Friedell gedacht, der dort einmal zu einem sehr vornehmen Herrn sagte: ‚Also wissen Sie, das hat der Reinhardt doch wirklich nicht nötig, dass er seine ganzen Statisten als Erzherzöge und Kardinäle ausstaffieren lassen muss.' Die Erzherzöge und Kardinäle waren selbstverständlich echt.

Geschichte 47

Man kommt heute nicht gut ans Schloss heran, aber ich bin doch hin, und ein Wachmann sagte mir, also er habe nicht gesehen, dass ich als Unbefugter das Gelände betreten hätte. Wie Dietmar geht es einem, wenn man zu viel weiß.

Im Jahr 1925 erfand – würde ich sagen – Max Reinhardt zusammen mit dem Schriftsteller Hugo von Hofmannsthal und einigen weiteren Herren die Festspiele von S. Das Stück, das bis heute den Kern der sommerlichen Festspiele ausmacht, die laut Zeitgenossen Karl Kraus der Inbegriff alles Dubiosen im öffentlichen Leben Österreichs sind, trägt den Titel „Jedermann" und ist bis heute ein Symbol.

Wer Festspiele sagt, denkt „Jedermann". Auch die Bewohner von S., die sich während des Monats August, in dem der „Jedermann" jedes Jahr auf dem Domplatz gezeigt wird, genötigt sehen, mit dem Fahrrad Umwege zu fahren.

Einmal, als Studentin, habe ich das Stück gesehen. Ich stand ein paar Stunden vor Beginn der Aufführung unter den Bogengängen in der Schlange, um eine erschwingliche Karte zu ergattern. So blasiert ich mich gab, die Aufführung beeindruckte mich. Der suchende Schrei nach

Jedermann ertönte unvermittelt irgendwo über den Dächern, als Kulisse diente frontal die Fassade des Doms und seitlich die Festung. Dass ich es wenigstens einmal gesehen habe, gibt mir bis heute das zufriedene Gefühl, mitreden zu können, zu wissen, was gemeint ist, wenn es um „Jedermann" geht. Ob ich dafür extra von weither angereist wäre, weiß ich nicht. Ein Glück des Lebens in S. ist, dass man manches Weltgeschichtliche zufällig mitbekommt. Zur Eröffnung der Festspiele gibt es jedes Jahr eine vielbeachtete Rede, oft von einem Schriftsteller. Was mich jetzt beim Nachlesen überrascht: 1968 war der Festredner W. H. Auden, 1972 war es Ionesco. Womöglich hat auch Kraus sich ab und zu ein bisschen geirrt?

Noch eine Frage! Was war auf der Rückseite der Tausendschilling-Banknote abgebildet? Genau, das Schloss Leopoldskron, ein anderes Wahrzeichen von S. Max Reinhardt erwarb es 1918, zwei Jahre vor der Erstaufführung des „Jedermann", als er sich viel in der Gegend aufhielt. 1938 las er in den USA in der Zeitung von seiner Enteignung. Nach 1945 verkauften die Erben das Schloss, jetzt gehört es der amerikanischen NGO Salzburg Seminar. Leopoldskron war einer der Drehorte des Films „Sound of Music", offenbar einer der meistgesehenen Filme aller Zeiten allerorts. Die Halbbildung der Bewohner von S. hinsichtlich dieses Films ist legendär. Alle anderen scheinen ihn zu kennen, verbinden damit Kindheitserinnerungen aus der Weihnachtszeit, hier, wo er gedreht wurde, ist er unbekannt. Jedes Mal, wenn ich an einem abgelegenen Ort der Erde auf diesen Film angesprochen werde, sobald ich zugebe, aus S. zu kommen, beschließe ich, ihn mir baldigst anzuschauen.

Reinhardt emigrierte 1937 nach New York, wo er 1943 an den Folgen mehrerer Schlaganfälle starb. Zwischen

1938 und 1945 war der „Jedermann" in S. verboten. Auf dem nahegelegenen Residenzplatz wurden haufenweise Bücher verbrannt; darunter eine Biografie Max Reinhardts. Nach dem Ende des Zweiten Weltkriegs wurde das Stück wieder aufgenommen und wird seither alljährlich gespielt.

Während Regisseur und Darsteller des „Jedermann" wochenlang auf dem Domplatz proben, ist kaum fünfhundert Meter entfernt ein anderes Festival bereits voll im Gange, das für manche zum eigentlichen Höhepunkt Kultur 48 des Sommers geworden ist, die **Sommerszene**. Sie ist ein Ereignis für Leute, die gerne überrascht werden, etwas sehen, das sie noch nie gesehen haben. „You must be ready to move", ertönt dann zum Beispiel eine Stimme im Foyer des „Republics", eines der vielfältigen Spielorte der Sommerszene – des Theater- und Tanzfestivals. Die durch die Schwingtüren eintretenden Besucher schütteln Regenschirme, schütteln tropfnasse Regenjacken. Draußen gießt es in Strömen, doch das Licht ist überall und hellorange. Ein Regenbogen spannt sich vom Kapuzinerberg über den Fluss bis zum Turm der Festung hinauf. Das war, als Michèle Anne de Meys „Raining Dogs" aufgeführt wurden.

In der Mitte des Saals steht eine raumhohe Box aus schwarzen Vorhängen. Wo sind die Tänzer? Die Zuschauer werden allein gelassen mit sich selbst. Die Zuschauer müssen stehen, gehen, die schwarze Box umrunden, was ist dahinter? Dahinter ist ein freier Raum mit einem quadratischen Loch im Boden. Was ist davor? Davor ist wiederum nichts. Die Zuschauer sind heute gleichzeitig Schauspieler und Publikum und fortwährend gezwungen, einander zu betrachten, sich selbst zu betrachten. Wer ist Tänzer, wer Zuschauer, fragt jemand neben mir? Sind diese beiden da Tänzer? Die zwei, die jetzt langsam über den freien Raum schreiten? Die Tänzer mischen sich unters Publikum, rennen zwischen den Zuschauern, rennen die Zuschauer über den Haufen, die zur Seite springen müssen. „Always be ready to move."

Ein Tisch steht im Saal. Zwei Männer sitzen einander gegenüber. Einen Arm auf dem Rücken, den anderen mit dem Ellbogen auf die Tischplatte gestützt, versuchen die umklammernden Fäuste, die Hand des anderen mit dem Handrücken auf den Tisch zu drücken. Sie drücken so stark, dass der Tisch in Bewegung gerät, über den Flur gleitet, in die Beine des Publikums rutscht, das zur Seite springt, mit leichtem Aufschrei. Die Tänzer, die Kämpfer fallen vom Podium, rutschen von ihrer Bühne, die es nicht gibt, denn sie sitzen mitten unter uns, zwischen den Betrachtern. Sie setzen sich erneut zum Tisch. Sie scheinen in einem Gasthaus zu sitzen und beginnen wiederum, gegeneinander zu drücken. Sie schlagen einander ins Gesicht. Man sieht es an den Zuschauern, eine Welle geht durch das Publikum, denn sie ohrfeigen einander tatsächlich, keine Tricks, das Klatschen ist deutlich zu hören, und jeder von uns, dem Publikum, fühlt die Schläge auf der eigenen Wange. Viele Male schlagen sie zu, doch am Ende bleiben ihnen keine Fingerabdrücke auf den Wangen.

Ich stelle mir Leopoldskron vor hundert Jahren gerne als einen Treffpunkt der Intellektuellen vor, ein Ort, wo jeder einmal herkam, um aufs Wasser hinauszuschauen und ein bisschen zu polemisieren über die anderen, gerade nicht Anwesenden. Friedrich Torberg berichtet in der „Tante Jolesch" von einem pompösen Festabend, zu dem das Eingangsportal mit livrierten Fackelträgern geschmückt war. „Was ist los?", soll Egon Friedell gefragt haben. „Kurzschluss?" So eine gute Pointe muss einem erst einmal gelingen.

Die ganz echten Mozartkugeln

Gelungen ist mir während meiner Studienzeit in S. unversehens ein kleiner Streifzug durch die berühmten Zimmer dieses Schlosses, ich kannte einen Kellner, der dort arbeitete. Er zeigte mir das Venezianische Zimmer, die Bibliothek und das verwunschene Wäldchen, das sonst nur denen vorbehalten war, die im Schloss wohnten oder eine Führung buchten. Als ich kürzlich daran vorbeispazierte, fand ich alle Tore verschlossen vor.

Hier wären wir im Rücken der Stadt, von hier aus sieht man sie nicht, von hier aus kann man sich vorstellen, dass es kaum eine Stadt, gar keinen Fluss gibt. Keine Kirche, kein Turm ist zu sehen, nur die Festung ganz oben, spielzeugklein. Das Feld, das sich da ausbreitet, habe ich immer gemocht, mit dem kleinen Haus in der Mitte, freistehend, ein einziges Haus, wie auf einer Kinderzeichnung. Henkershäusel wird es genannt und dieser Name verleiht einem Spaziergang zusätzliche Spannung, von hier oben am Mönchsberg aus durch die Wiesen, wenn sie hoch sind und Samen tragen, hinauf, bis wieder ein paar Bäume dastehen und man der Burg durchs Bürgermeisterloch in den Rücken fallen kann und dorthin kommt, wo S. mitten in der Stadt ein Dorf sein darf. Schriftsteller haben gerne hier gewohnt, um aus der Höhe gut über die Stadt schimpfen zu können. Sie tun es noch. Auch die Universität Salzburg hat da ein Nest gebaut, ein ganz hübsches Nest, voller Zweig. Das **Stefan Zweig Centre** ist 49 Geschichte
öffentlich zugänglich und, abgesehen von der ergötzlichen Aussicht auf Terrassen und, je nach Jahreszeit, sich sonnende Einheimische im Bikini, auch im Inneren besuchenswert. Vordergründig dem Andenken Stefan Zweigs gewidmet, ist es Ort einer vielfältigen Palette von Veranstaltungen, auf der Suche nach dem Dialog mit der mo-

dernen Stadt. Mag sein, die Stadt braucht ein bisschen, bis sie merkt, was sie hat.

Meine Lieblingsgedenktafel hier oben behandelt ein Skurriles 50 anderes Thema. **Schlafhauserhaus**, erbaut vor 1383, besagt ein Schild an einer gelb verputzten Hausmauer. In einer Zeit, aus der man wenig weiß, hat hier ein Schlaf gehaust oder ein Haus geschlafen, der Schlafhauser hat sich regelmäßig den Wecker gestellt, er trug schwere Lappen statt Schuhe, aß morgens Eintopf. Er hütete den Schlaf der Stadt, streute ihn in der Dämmerung aus wie feines Pulver, sah ihn hinunterrieseln auf kirchliche Herren und Bürger, auf Kaufleute, die in der Getreidegasse ihre Waren anboten, auf langsam verzagende Ritter, auf von der Pest Gezeichnete mit Beulen an Beinen und Armen. Er war ein Wohltäter für die Stadt, doch niemand kannte seinen Namen. Schlafhauser war ein Pseudonym.

Will man S. genießen, darf man ruhig auch einmal so tun, als hätte man von nichts eine Ahnung. Als wären Mozartkugeln nicht mehr als eine ausgeklügelte Süßigkeit. Wer hier lebt, isst, nebenbei bemerkt, nur die aus dem silbrigen Einwickelpapier mit dem blauen Aufdruck, die handgetunkten. Goldbedruckte Kugeln, wie es sie in jedem Duty-Free-Shop gibt, sind den Einheimischen nicht gut genug. Mit Ausnahme einer einzigen, die zumindest mich stets aufs Neue überrascht, Stephan Balkenhols Kugelskulptur auf dem Kapitelplatz. Immer wieder frage ich mich, ob sie im Vorjahr auch schon da war. Sie war da. Sie ist seit 2007 da. „Sphaera“ nannte der Künstler die 8,8 Meter hohe Goldkugel auf Stelzen aus glasfaserverstärktem Kunststoff. Obenauf steht eine männliche Figur mit dunkler Hose, hellem Hemd und schaut am Dom vorbei in die Ferne, nach Süden. Will man S. genießen, darf man ruhig so tun, als hätte man beim Anblick dieser

Riesenkugel keine Assoziation mit einer Mozartkugel. Als wären die Festspiele einfach eine nette Sommerunterhaltung und eine gute Gelegenheit, Künstlern angemessene Honorare zu bezahlen. Manchmal dient diese so elitär wirkende Veranstaltung tatsächlich auch der Förderung von Künstlern, die wenig im Rampenlicht stehen, wie jener Schusterin, die letzte Saison einige Wochen lang Fußbekleidung für Schauspieler entwarf. Sie ist vielleicht die letzte Person auf Erden, die Schuhe anfertigt wie Skulpturen, zwar klein und praktisch, aber nicht weniger kunstvoll. Bei ihr gekaufte Schuhe halten ein Leben lang. Bedauerlicherweise für uns aus S. hat sie ihr Atelier nicht hier, sondern am Campanile del Sole in Venedig.

Selbst für Fans italienischer Opern gibt es in S. eine historische Stätte. Das in den Konglomeratfels, aus dem übrigens alle sogenannten Stadtberge von S. bestehen, gehauene **Steintheater** am Hellbrunner Berg ist eines der ältesten Freilufttheater Mitteleuropas. Im August 1617 wurde „Orfeo“ von Claudio Monteverdi hier erstmals unter freiem Himmel aufgeführt. Es entstand vermutlich aus einem Steinbruch, in dem Baumaterial für das nahe gelegene Lustschloss Hellbrunn gewonnen wurde. Das Theater wird bis heute im Sommer für Aufführungen genützt. Keine Angst, man braucht nicht stundenlang auf kaltem Stein zu sitzen, meist werden hölzerne Bierbänke aufgestellt. Da die hier abgehaltenen Vorstellungen auch witterungsbedingt rar sind, nützt die Bevölkerung das Felsentheater, wie es auch genannt wird, nach privatem Gutdünken, sei es für romantische Stelldicheins, sei es für Goa-Partys. 51 Geschichte

Eines Abends wartete ich vor dem Eingang des großen Festspielhauses auf meinen Begleiter fürs Konzert, wir hatten von Bekannten Karten geschenkt bekommen. Sie wohnten nicht in S., sondern etwa sechzig Kilometer weit weg, und hatten ein Abonnement. Auch meine Tante, die vermutlich noch keine einzige Nacht ihres Lebens in S. verbracht hat, hat immer ein Abonnement, seit Jahrzehnten schon. Ein- oder zweimal im Monat fährt sie mit ihrem Mann die fünfzig Kilometer nach S., um hier ins Konzert zu gehen oder ins Theater. Diese Tante ist so oft im Festspielhaus gewesen, dass sie das Zählen aufgegeben hat. Wir natürlich nicht. Wir wohnen ja hier, könnten hingehen, wann es uns beliebt. Die Bekannten waren an besagtem Abend verhindert, sie waren ab und zu verhindert und in dankenswerter Weise boten sie uns ihre Plätze an. An diesem Tag war ich also wieder einmal dran und hatte auch einen Freund eingeladen, der die zweite Karte übernehmen würde.

Während ich wartete, stand ich in der Hofstallgasse, die so heißt, weil hier in der Nähe einst tatsächlich ein Stall war. Folgt man der Gasse in nordöstlicher Richtung, würde man nach ein paar Minuten zu einem Brunnen gelangen, in dessen Mitte eine Pferdestatue thront; das war und ist die Pferdeschwemme. Nur werden hier keine Pferde mehr gewaschen, zumindest habe ich es noch nie be-
Kultur 52 obachtet. Ich betrachtete das **A. E. I. O. U.** auf der anderen Gassenseite, ein umstrittenes, von mir heiß geliebtes begehbares Kunstwerk von Anselm Kiefer, ich betrachtete die Fassade der Universitätsbibliothek, in deren Lesesälen ich während meiner Studienzeit viele schöne Stunden verbracht habe, in angenehmem Halbschlaf in den angenehm beleuchteten, angenehm altmodischen Räumen oder zwischen den Regalen streunend, ich dachte mit leichter Sehnsucht an die Freude zurück, die es mir bereitete, wenn ich eine Stunde nach Bestellung die benötigten Bücher ausgehändigt bekam. Das A. E. I. O. U. ist

Anselm Kiefers A.E.I.O.U.

ein Indiz dafür, dass S. trotz des schwergewichtigen Erbes atmet. „... es rinnt uns der Sand aus den Haaren, dein und mein Alter und das Alter der Welt misst man nicht nach den Jahren“, zitiert das Gemälde im Inneren des scharf geschnittenen Pavillons aus Stein Ingeborg Bachmanns Gedicht „Das Spiel ist aus“. Es gibt ein Regal voller Bücher mit Dornbuschzweigen wie Lesezeichen zwischen Seiten aus Blei. Er habe sich vorgestellt, der Raum sei in eine Art Dornröschenschlaf gefallen, wird Kiefer gerne zu seinem Werk zitiert, und jeder Besucher könne ihn aus dem Schlaf erwecken. Ob er auch mit dem Schlafhauser im Bunde steht?

Geht man in Jeans und T-Shirt ins Festspielhaus, fällt man auf. Die Menge, die sich in der Hofstallgasse versammelt, ist bereits durch ihre sorgfältige Kleiderwahl eindeutig als Festspielgäste erkennbar. Will man nicht so viel Sorgfalt aufwenden, kann man schwarz wählen, so habe ich dieses Problem oft gelöst. Auch mein Begleiter hatte etwas Schwarzes gefunden. Wir betraten das Festspielhaus, nickten den Billeteuren zu, bei denen es, damals zumindest, strenger zuging als bei uns im Mozarteum; wenn ich mich richtig erinnere, hatten sie alle das Gleiche an, eine Art Arbeitsuniform. Wir strebten zu unseren Plätzen. Der Saal ist jedes Mal wieder eindrucksvoll groß. Beim Hineinschlüpfen in unsere Reihe entdeckte ich, dass ich die Leute, die direkt vor uns saßen, kannte.

Was macht ihr denn hier?

Wir haben die Karten geschenkt bekommen. Und ihr?

Wir auch. Die Abobesitzer hatten keine Zeit.

In der Pause tranken wir ein Glas Wein. Auf einmal wurde mir auf die Schulter getippt. Hallo.

So eine Überraschung!

Kommt ihr oft hierher?

Biersuppe (für 4 Personen)

Ein Teller dieses überraschenden Gerichts wird sogar dem Suppenkasper munden. Einfach und schnell gemacht, gut als Vorspeise oder kleiner Imbiss für kühle Abende. Auf jeden Fall heiß genießen, sonst wird es bitter.

* 1 l Bier (nach Geschmack, Salzburger würden „Stiegl" nehmen)
* Salz
* Pfeffer
* Zucker
* Muskat
* Safran
* 1 EL Butter
* 1 Dotter
* 2–3 EL Schlagobers

***

Bier heiß machen und mit Salz, Pfeffer, Zucker, Muskat und nach Belieben Safran würzen. Nicht kochen lassen! Butter, Dotter und Obers versprudeln und in die Suppe einrühren. Sofort servieren.

Das tägliche S.

Ich frage meine Eltern, wo sie lieber leben würden als in S. Sie sagen nirgends. Das ist eine Stadt am Fluss, wir spülen unsere Toiletten mit köstlichem Trinkwasser. Die Luft atmet sich wie von selbst. Am Donnerstag ist Markttag. Vom Mirabellplatz wird an diesem Tag nur als der

Kulinarik 53 **„Schranne“** gesprochen, wie der Wochenmarkt genannt wird. Da herrscht ein Tummeln, ein Wirrwarr bunter Farben. Überladene Blumenstände, Obst, was man sich ausdenkt; schon frühmorgens berichtet das Regionalradio live von der Schranne, was am besten ist, am billigsten, am exotischsten. Manchmal sind das die vergessenen Gemüse; Pastinake, Schwarzwurzel, Portulak, Topinambur. Ich mag die Stände der Biobäckereien, ihre Dinkelbrote, körnigen Weckerln, Golatschen. Am Samstag ist noch einmal Markttag, am Grünmarkt, dem Platz vor der Universitätskirche. Dieser Markt steht, leicht verkleinert, die ganze

Woche, an Nicht-Samstagen allerdings eher für Kunden mit genug Vorrat im Portemonnaie. Am Samstag kommen besondere Fischhändler, Eierfrauen, die aussehen wie aus einer anderen Zeit, verhutzelt, sie bringen mit, was sie auf dem Hof produziert haben, im Gemüsegarten.

Ich frage Freunde in S., was ihnen an der Stadt am besten gefällt. Sie sagen, das Beste an S. ist die Stadtalm, eine zutrauliche Wildnis mitten im bebauten Gebiet, und dass es nur ein paar Hundert Meter vom Festspielhaus entfernt eine vom Alpenverein bewirtschaftete Almhütte gibt.

„Sie hat Pickel, aber ganz kleine", höre ich einen Buben in der Garderobe des Schwimmbads Paracelsus zu einem anderen sagen. Die Kinder flattern durch die Gänge, über die Holzbänke, zwischen die Türchen der versperrbaren Schränke als hätten sie ein Gefieder, keine Haare. „Schnittlauchlocken hat sie", fährt der Bub fort. „Ich mag Mädchen, auch wenn die anderen sagen, dass sie blöd sind. Ich mag sie, trotz der Pickel." Es ist Vormittag im einzigen Hallenbad der Stadt. Und da ist etwas, das in S. ganz besonders vorhanden ist. Leere. Das Becken ist leer, bis auf ein paar Schulklassen, die sich in geordneten Bahnen drängen; geordnet wie ein Schwarm Pinguine, stets wieder auf den Beckenrand klettern, das Sprungbrett erklimmen, hineinplumpsen, sich schnatternd im Wasser plustern bis zum Ende der Bahn und zurück. Daneben ein paar Schwimmer wie ich, an einer Hand abzuzählen. Es ist sauber und – bis auf das Schnattern – ruhig. Durch die gänzlich verglaste Fassade der Schwimmhalle sieht man in den Park hinaus, der momentan weiß verschneit ist, die Bäume dort. Die Statue der drei nackten Musikanten sehe ich vor meinem inneren Auge; sie liegt ums Eck und ist vom Becken aus nicht zu sehen. Nach dem Schwimmen

Am Donnerstag ist Markttag.

teile ich die Dusche mit fünf Schulmädchen, die gegenseitig Shampoos tauschen, sie sprechen alle Deutsch, aber mit verschiedenen Akzenten. Hier duscht das internationale S., denke ich. Draußen in der Garderobe trocknen sich wieder einige pubertierende Buben ab, einer davon schwarz. Alle sprechen den Dialekt von S. und Umgebung, kein besonders starker Dialekt, nicht besonders unverständlich, aber eindeutig kein Hochdeutsch. Mit Erstaunen sehe ich, wie zuvorkommend diese Kinder miteinander umgehen, wie verständnisvoll. Sie necken sich, aber nicht gemein, sie reden über Mädchen, voller Neugier, aber ohne Hiebe unter die Gürtellinie. Vielleicht sind sie vom musischen Gymnasium oder vom akademischen. Trakl fällt mir ein, der die Matura nicht geschafft hat, folglich von der Schule flog, vielleicht wurde deshalb noch immer kein Gymnasium nach ihm benannt. Diese halbnackten Buben, die unter ihren Handtüchern bibbern, werden die Matura bestimmt schaffen.

Früher war gleich ein paar Schritte weiter, mitten im Mirabellgarten, also direkt im Untergeschoß des Schlosses Mirabell, die Bibliothek der Stadt S. Direkt vom Schwimmbad konnte man hingehen, mit noch feuchten Haaren, praktisch war das, wie alles im Alltag von S. einfach ausgesprochen praktisch ist. Mittlerweile ist die Bibliothek umgezogen, hat ihr eigenes Gebäude bekommen, modern und glanzvoll. Sie streckt einen dominanten Rüssel aus Beton, Stahl und Glas in ihre neue Umgebung, den Stadtteil Lehen, lässt den Besucher über eine breite, rote Stiege hinauf in ihr Papierheiligtum, eine interessante Stiege mit zweierlei Arten von Stufen; die einen, rechterhand, für langbeinige Riesen, die anderen, links, für den Durchschnittsbürger. Als ich dort war, wurde nur die linke Seite benutzt.

Eine Stiege ganz anderer Art findet man dort, wo die

Kultur 54 Bibliothek früher war. Die **Prunkstiege von Georg Raphael Donner** aus dem 17. Jahrhundert dürfte die Fotoalben zahlloser Brautpaare zieren, über sie, die ebenfalls marmorne, erreicht man den Marmorsaal des Schlosses Mirabell, einen der beliebtesten Trauungssäle weltweit. Gold, Marmor, Marmorimitation, vergoldeter Stuck blinkt den Paaren, die sich hier vermählen, entgegen. Fast jedes Mal, wenn ich dort vorbeigehe, finde ich eine Braut auf der Stiege vor und im Garten rascheln internationale Gesellschaften mit ihren bauschigen Röcken und steifen Hemdkrägen. Wer in S. wohnt, findet es entweder ganz normal, im Marmorsaal zu heiraten – er ist der öffentliche Trausaal der Stadt, denn große Teile des Schlosses Mirabell werden heute von der Stadtverwaltung genützt – oder unverzichtbar. Es gibt diejenigen, die aus aller Herren Länder zurückkehren, um einander hier das Jawort zu geben, und es gibt diejenigen, die es hinnehmen, wie etwas, das ihnen natürlicherweise zusteht. Einer der Vorteile, aus S. zu sein: Man bekommt den Barock ganz umsonst. Übrigens, die Prunkstiege mit all ihren puttenumrankten Balustraden ist für jedermann frei zugänglich.

Irgendwann ist es vielleicht genug. Irgendwann wird die Hübschheit zu viel, man sehnt sich nach einer Spur Verdrehtheit, einer kleinen Verkorksung, einer Diät für den Barock. Dann könnte man wieder auf die andere Seite der Salzach hinüber, noch ein Mal wie zum Abschied über den Domplatz schlendern und sich das beunruhigendste Denkmal anschauen, das ich kenne.

Gerade weil ich sie fürchte, muss ich sie immer wieder betrachten. Sie kniet unter den Arkaden am Dom, ist aus Stein, kniet unter den drückenden Falten ihres Gewandes und erst wenn man vor ihr steht, merkt man, dass sie
Skurriles 55 schon lange fort ist. Nur ihr **Mantel** ist zurückge-

blieben, er umhüllt den Leerraum, aus dem sie verschwand. Ob sie abhauen musste aus S.? Verfolgt wurde? Gesucht? Die Kniende trägt die Züge einer Fremden, ein fortwährend abwesendes Antlitz, gesichtslos, weil immer auf der Flucht, immer unterwegs, kniend, um ein paar Münzen zu erbetteln.

Zum Schluss kann man eine Zeitung kaufen, wieder zurück in die Neustadt gehen, sich in den Rosengarten setzen oder auf eine Bank direkt vor der Orangerie, in der sich Rotwangenschmuckschildkröten elektrische Lampen als private kleine Sonnen gefallen lassen. Ich setze mich, blättere. Im Winter hat man hier den Eindruck, in der Natur zu sein; im Sommer weht eine leichte Brise, statt Bienen schwärmen Touristenhorden aus, summen vielsprachig. Die, die hier wohnen, sehen sie eigentlich gar nicht. Das Gute an S. ist die Leere. Man tut ein paar Schritte und ist allein im Freien.

Scheiterhaufen

Auch in Salzburg gehört die Zeit der Hexenverbrennungen der Vergangenheit an. Vielmehr ist man dazu übergegangen, Scheiterhaufen zu verspeisen. Dieses traditionelle Gericht, das man kaum mehr auf den Speisekarten findet, ist eine wunderbare Verwertung für alte Semmeln. Sollte man keine zur Verfügung haben, kann man auch frische kaufen und einige Tage liegen lassen. Besonders gute Erinnerungen habe ich an den Scheiterhaufen meiner Großmutter.

* 4–6 alte Semmeln
* 1/2 l Milch
* 1–2 Eier
* Salz
* 80 g Zucker
* 1 kg Äpfel
* Butter
* Rosinen

***

Semmeln blättrig schneiden, Milch, Ei, Salz und Zucker verrühren und über die geschnittenen Semmeln gießen. Abwechselnd Semmelschnitten und geschnittene, geschälte Äpfel in eine Auflaufform legen, obenauf Butterflocken verteilen. Im Rohr knusprig backen.

Erdäpfelstrudel

Dieses Rezept stammt von der Großmutter einer Schulfreundin, Maria Breuer. Der Teig kann nach Wunsch auch mit anderem außer Erdäpfeln (z. B. Äpfeln, Topfen, Spinat) gefüllt werden, dann wird er allerdings im Rohr gebacken, nicht gekocht. Meine Großmutter pflegte zu sagen, das Zubereiten eines Strudelteigs sei die ideale Tätigkeit, um sich abzureagieren, wenn man Ärger hatte.

* 250 g glattes Weizenmehl
* 1 Ei
* 1/8 l lauwarmes Wasser
* Salz
* 1/2 kg Erdäpfel
* 1 Zwiebel
* Öl und/oder Butter

***

Aus Mehl, Ei, Wasser und Salz einen Teig kneten, bei Zimmertemperatur mindestens eine Stunde lang rasten lassen. Über einem großen Tisch ein Strudeltuch ausbreiten (kann ein Tischtuch oder Baumwolltuch sein), den Teig noch einmal gut durchkneten, dabei einige Male fest auf den Tisch werfen.

Wenn er elastisch genug geworden ist, vorsichtig ausziehen, so dünn wie möglich, aber ohne dass er reißt. Den ausgezogenen Teig mit Butter oder Öl bestreichen.
Für die Fülle Erdäpfel kochen, schälen und fein passieren. Die Zwiebeln würfelig schneiden und in der Pfanne anrösten. Erdäpfel und Zwiebeln vermischen und salzen, den Teig mit der Mischung bestreichen, zusammenrollen. In leicht wallendem Salzwasser ca. 10–15 Minuten kochen, bis der Strudel schwimmt. In einer Suppe, mit Schnittlauch garniert, servieren.

Register

Rezepte

Glossar

- **ausgeschmiert** = eingefettet

- **Deka** = zehn Gramm
- **Dirndl** = Trachtenkleid (oder österr. umgangssprachlich „junges Mädchen“)

- **Eidotter** = Eigelb
- **Eiklar** = Eiweiß
- **Einbrenn** = erhitzte Mischung aus Mehl und Fett, dient zum Beispiel zum Binden von Suppen.
- **Einheimischer** = Ortsansässiger
- **Erdäpfel** = Kartoffel

- **Fia uns hoit so** = für uns halt so, i.e. was für uns genug wäre.

- **Germ** = Hefe
- **glattes Weizenmehl** = fein gekörntes Mehl
- **Gloatsche** = Teigtasche

- **Haftelmacher** = jemand, der ganz besonders gut aufpasst. Ein Haftelmacher war früher ein Erzeuger von Hafteln, wobei unklar ist, wieso bzw. worauf dieser aufpassen muss.

- **Jause** = Brotzeit

- **Kasnockn** = Nockerl aus Mehl und Ei, mit Käse überbacken

- **Kredenz** = Anrichte

- **Mohnflesserl** = geflochtenes, mit Mohn bestreutes Gebäck

- **Öpföradl** = in Teig getauchte und in Öl herausgebackene Apfelschnitten

- **Schlagobers** = Schlagsahne
- **schlurfen** = gehen ohne die Füße vom Boden zu heben
- **Selchspeck** = geräucherter Speck
- **Staubzucker** = Puderzucker
- **Stutzen** = Strumpfart, die u. a. zur Tracht getragen wird.

- **Topfen** = Quark

- **verhätschelt** = verwöhnt
- **verhutzelt** = sehr faltig

Bibliografie

Ilse Aichinger.
Die größere Hoffnung.
Fischer, Frankfurt am Main 2000.

Ilse Aichinger.
Subtexte.
Edition Korrespondenzen,
Wien 2006.

Ingeborg Bachmann.
Sämtliche Gedichte.
Piper Verlag, München 2003.

Egon Friedell, Alan Janik.
A Cultural History of the Modern Age. Volume II.
Transaction Publishers, New Brunswick, New Jersey 2003.

Kochbuch der Kronenzeitung.,Wien 1908.

Hans Maier-Bruck.
Vom Essen auf dem Lande.
Verlag Orac/Kremayr & Scheriau,
Wien 2006.

Friedrich Torberg.
Die Tante Jolesch oder Der Untergang des Abendlandes in Anekdoten.
dtv, München 1975.

Werner Thuswaldner, Robert Ingpen, Hubert von Goisern.
Stille Nacht, Heilige Nacht.
Minedition, Hong Kong 2007.

Georg Trakl.
Dichtungen und Briefe.
Otto Müller Verlag, Salzburg 1987.

Hans Weichselbaum.
Georg Trakl. Eine Biographie mit Bildern, Texten und Dokumenten.
Otto Müller Verlag, Salzburg 1994.

Thea Kochbuch
www.thea.at

Salzburg Wiki
www.salzburg.com/wiki/index.php/Hauptseite

Salzkammergut Lokalbahn
www.skglb.at/stud4.tuwien.ac.at/~e0126067/ischlerbahn

1 Aussicht vom Mönchsberg
Das linke Salzachufer wird vom Mönchsberg beherrscht, dessen langgezogener Rücken sich über einen halben Kilometer erstreckt und das Stadtbild entscheidend prägt. Auf der Terrasse des Museums der Moderne befindet man sich an einer seiner höchsten Stellen (maximale Höhe: 540 m) und hat einen schönen Blick über das Salzburger Becken. Erreichbar über den Mönchsbergaufzug (Eintrittskarten für das Museum können bei der Liftkasse gekauft werden) oder bei einem Spaziergang hinauf über die Stiege im Toscaninihof (beim Festspielhaus). (Natur / Seite 8)

2 Richard Gerstl
Österreichischer Maler, geboren am 14. September 1883 in Wien, gestorben am 4. November 1908 ebenda. Er stellte zeitlebens nie aus und bleibt, obwohl seine Bedeutung unbestritten ist, bis heute einer der großen Unbekannten des österreichischen Expressionismus. Gerstl verliebte sich in die Ehefrau Arnold Schönbergs und beging Selbstmord, nachdem Schönberg die beiden in flagranti erwischt hatte. (Kultur / Seite 8)

3 Elektricitätshotel
Das heutige „Hotel Bristol" war eines der ersten Häuser, die elektrisches Licht bekamen und verdankt seinen ursprünglichen Namen seiner Lage neben dem ersten Elektrizitätswerk der Stadt. Die „Sketch Bar" lädt auch Gäste, die nicht im Hotel logieren, zum Schwelgen in historischen Epochen ein. Makartplatz 4.
www.bristol-salzburg.at
(Skurriles / Seite 9)

4 „Café Würfel Zucker"
Gemütliches Nichtrauchercafé in der Salzburger Altstadt, gelegen in den denkmalgeschützten Räumlichkeiten der ehemaligen Sternbräu Mälzerei (dort wurde aus Gerste Malz gewonnen). Besonders groß ist die Auswahl an Strudeln. Noch eine Besonderheit: Bedient wird man von den Chefs selbst. Getreidegasse 36.
www.wuerfelzucker.at
(Kulinarik / Seite 12)

5 Hannibal(Makart)platz
Platz in der rechtseitigen Altstadt, einst Hannibalplatz genannt, nach dem zweitältesten Bruder Erzbischof Wolf Dietrichs von Raitenau, Jakob Hannibal,

der hier einen Palast besaß. Jetzt nach dem Salzburger Maler Hans Makart (1840–1884) benannt. Hier hat man nicht nur Gelegenheit, anhand der den Platz umrahmenden Gebäude (Landestheater, Mozart-Wohnhaus, „Hotel Bristol") die Geschichte der Stadt an sich vorbeiziehen zu lassen, sondern auch die Möglichkeit, sich in der Lounge des Bristol einen Drink zu genehmigen und dann in den Mirabellgarten weiterzuschlendern.
(Kultur / Seite 20)

6 Inlineskatestrecke/ Ischlerbahntrasse

Die Geschichte der Ischlerbahn stellt einen Beweis für die Hartnäckigkeit der Salzkammergutler dar. Obwohl sie seit Mitte des vorigen Jahrhunderts nicht mehr verkehrt, gibt es bis heute Bestrebungen, diese Bahn zu revitalisieren. Inzwischen ist die mittlerweile zu einem schmalen Asphaltweg umgewandelte Trasse eine wunderbare Inlineskatestrecke. Erreichbar über die Samstraße in Gnigl. (Skurriles / Seite 27)

7 Auwald

Die Salzach wurde einst von einem dichten Auwald gesäumt. Im Zuge der seit dem Mittelalter stattfindenden Flussregulierungen, um die periodischen Überschwemmungen des Flusses zu verhindern und Kultur- und Siedlungsland zu gewinnen, wurde der Großteil des Auwaldes zerstört. Es gibt aber noch Reste davon, vor allem am nördlichen Ende der Stadt, aber auch in der Josefiau.
(Natur / Seite 27)

8 Michael Pacher

Maler und Bildhauer des 15. Jahrhunderts, geboren um 1435 vermutlich in Bruneck (Südtirol), gestorben 1498 in Salzburg. Meister der Spätgotik. Nach ihm ist die Salzburger Michael-Pacher-Straße benannt. Sein wichtigstes Werk, ein Flügelaltar, befindet sich in der katholischen Kirche von St. Wolfgang am Wolfgangsee.
www.pfarre-sankt-wolfgang.at
(Kultur / Seite 30)

9 Naturwissenschaftliche Fakultät der Universität Salzburg

Das größte Universitätsgebäude Österreichs. Sehr transparente, moderne Architektur aus dem Jahr 1986, errichtet von einem

Team um den österreichischen Architekten Clemens Holzmeister. Hellbrunnerstraße 34. www.uni-salzburg.at (Kultur / Seite 31)

10 Freisaal

Geschützter Landschaftsteil im Süden Salzburgs mit herrlichen alten Bäumen, blühenden Wiesen und Äckern. Benannt nach dem 1392 erstmals erwähnten Wasserschloss Freisaal. Von hier aus zogen einst die Salzburger Erzbischöfe nach Ableistung ihres Treueschwurs feierlich in die Stadt ein. Man wähnt sich in ländlicher Idylle. (Natur / Seite 31)

11 Überfuhrsteg im Sonnenuntergang

Die nur für Fußgänger und Radfahrer zugängliche Brücke bietet eine fantastische Gelegenheit, sich an den letzten Sonnenstrahlen zu wärmen, bis die Sonne hinter die Dächer der Stadt rutscht. Der Steg liegt in der Verlängerung der Michael-Pacher Straße, zwischen Franz-Hinterholzer-Kai und Ignaz-Rieder-Kai. (Natur / Seite 34)

12 Gnigl

Der Stadtteil Gnigl liegt zwischen den Hängen des Kühberges und des Heuberges. Der Name stammt vom keltischen Wort „Glanicle“, was so viel bedeutet wie „klares Wasser“ und ist möglicherweise ein alter Name des Alterbaches, der hier fließt. Der Schlossgarten des einstigen Schlosses von Fürsterzbischof Paris Graf von Lodron ist heute der Minnesheimpark, ein Landschaftsgarten im „englischen Stil“. Ältestes Gebäude von Gnigl ist Schloss Neuhaus auf dem Kühberg, aus dem 13. Jahrhundert. Gnigl besitzt einen eigenen Bahnhof. (Geschichte / Seite 43)

13 Wasserspiele am Platzl

Das Platzl befindet sich am Kopf der Staatsbrücke am rechten Salzachufer. Linzergasse und Steingasse beginnen hier. Die Erfrischung, die in den Sommermonaten aus dem Asphalt spritzt wurde nach den Plänen von Architekt Eduard Widmann errichtet und ist einer privaten Stifterin zu verdanken, Gertraud Ruckser Giebisch. (Skurriles / Seite 44)

14 Das Kino
Salzburger Filmkulturzentrum. Programmkino, hochwertige und ungewöhnliche Filme zum Teil in Originalfassung. Giselakai 11.
www.daskino.at
(Kultur / Seite 44)

15 Dirndl
Wer schon immer davon geträumt hat, einmal eine Tracht zu besitzen, wird in Salzburg reichlich Auswahl finden, eine zu erstehen, z. B. beim „Heimatwerk" am Residenzplatz. Aber auch die Durchhäuser in der Getreidegasse beherbergen diverse Trachtenmodengeschäfte, in denen man sich individuell beraten lassen kann.
www.sbg.heimatwerk.at
(Skurriles / Seite 49)

16 Der biegsame Radfahrer
Diese ungewöhnliche Bronzeskulptur steht auf Höhe des „Cafés Bazar" an der Promenade am Fluss. Geschaffen wurde sie von der in Salzburg lebenden Künstlerin Lotte Ranft (geboren 1938 in Berlin), die unter anderem bei Oskar Kokoschka studierte. Ranft unterrichtete in den 1970er-Jahren an der Hochschule Mozarteum.
www.salzburg.com/wiki/index.php/Lotte_Ranft
(Skurriles / Seite 54)

17 Auerspergstraße
In dieser knapp einen Kilometer langen Straße finden sich alle Facetten der Stadt, vielleicht sogar alle Facetten aller Städte. Es gibt ein Hotel, ein Kurhaus, ein Arbeitsamt, ein Schwimmbad, ein Gasthaus und die Wirtschaftskammer; gleichzeitig spaziert man an gründerzeitlichen Villen vorbei. (Skurriles / Seite 56)

18 Riedenburg
In diesen sich um den Rainberg ausbreitenden, sehr parkartig anmutenden Stadtteil gelangt man am besten durch das Sigmundstor. Die Riedenburger Sümpfe wurden ab dem 16./17. Jahrhundert trocken gelegt. Trotzdem ist Wasser ein vorherrschendes Element. Zwei Arme des Almkanals fließen hier und der Leopoldskroner Weiher lädt im Sommer zu Spaziergängen, im Winter zum Schlittschuhfahren ein.
(Kultur / Seite 61)

19 Literaturhaus Salzburg
Lesungen und Information über Literarisches und Schriftsteller in Salzburg und darüber hinaus. Vielfältiges Veranstaltungsprogramm und Sitz diverser Literatur-Einrichtungen, u. a. wird hier die Literaturzeitschrift SALZ herausgegeben. Strubergasse 23. www.literaturhaus-salzburg.at
(Kultur / Seite 61)

20 Traklhaus
Geburts- und Wohnhaus des Dichters Georg Trakl (1887–1914), Forschungs- und Gedenkstätte. Waagplatz 1a. Führungen Montag–Freitag um 11 und um 14 Uhr.
(Geschichte / Seite 63)

21 Trakl-Gedichttafeln
Acht Gedichttafeln mit Traklzitaten sind an verschiedenen Orten der Stadt angebracht, die dem Dichter wichtig waren oder in einer Beziehung zu seinem Werk stehen. Ein Vorschlag wäre, sie mit dem Fahrrad zu erkunden. Eine Liste der Standorte der Tafeln veröffentlicht die Trakl-Forschungs- und -Gedenkstätte: www.kulturvereinigung.com/de/georg-trakl/gedichttafeln.html
(Kultur / Seite 65)

22 Camerata Academica
Hochkarätiges Kammerorchester mit Sitz in Salzburg. Gegründet 1952 vom Dirigenten Bernhard Paumgartner, um Lehrer und Schüler der Hochschule Mozarteum zum gemeinsamen Musizieren zu bringen. Mehr als 20 Jahre lang war der Geiger Sándor Végh Chefdirigent. Er prägte den berühmten Stil und Klang der Camerata. www.camerata.at
(Kultur / Seite 70)

23 Schlenken
Der 1648 m hohe Berg der Osterhorngruppe lädt auch diejenigen zum Wandern ein, die keine Hochgebirgsprofis sind. Seine Silhouette ähnelt aus der Ferne einem erloschenen Vulkan. Wegen seiner Stadtnähe und guten Erreichbarkeit sehr beliebter Ausflugsberg der Salzburger. Anreise: Mit dem Zug nach Hallein, von dort aus von der Bahnhofswestseite mit dem Postbus Nr. 450 nach Kripsl. Den Busfahrer nach der besten Ausstiegsstelle fragen!
(Natur / Seite 70)

24 Osterfestspiele
1967 von Herbert von Karajan ge-

gründet. Seither bildeten die Berliner Philharmoniker das Zentrum dieses jeweils zur Osterzeit ungefähr zehn Tage lang stattfindenden Festivals klassischer Musik. Ab 2013 sollen mit Christian Thielemann und der Sächsischen Staatskapelle Dresden neue Akzente gesetzt werden.
www.osterfestspiele-salzburg.at
(Kultur / Seite 72)

25 Akademiestraße

Hier gilt: nomen est omen. Diese Straße im Stadtteil Nonntal besteht eigentlich nur aus Schulen: Gymnasien, Pädagogische Akademie, Universität Salzburg. Schauen Sie sich an, wo die Salzburger lernen und lehren und wo zu Salzburger Schriftstellern geforscht wird (Institut für Germanistik). Erreichbar mit dem Bus Richtung Salzburg Süd, Haltestelle Akademiestraße.
(Skurriles / Seite 72)

26 Glasenbachklamm

Tief eingeschnittene Klamm südlich der Stadt, im Gemeindegebiet von Elsbethen, bekannt für fossile Funde. Vom südlich der Stadt gelegenen Ortsteil Elsbethen (per Bahn erreichbar) folgt man den Wegweisern Richtung Erentrudisalm und biegt nach einigen Hundert Metern links zur Klamm ab.
www.salzburg.com/wiki/index.php/Glasenbachklamm
(Natur / Seite 74)

27 Mozarteum

Der Große Saal ist wegen seiner Architektur und ausgezeichneten Akustik einer der bekanntesten und beliebtesten Konzertsäle Salzburgs, Aufführungsstätte der Salzburger Festspiele. Ebenfalls sehens- und hörenswert ist der im selben Gebäude gelegene Wiener Saal. Hier finden manchmal gratis zugängliche Konzerte statt.
Schwarzstraße 26.
www.mozarteum.at
(Kultur / Seite 78)

28 Joseph Mohr

Der Verfasser des Textes des weltbekannten Weihnachtsliedes „Stille Nacht“ wurde in der Steingasse 31 geboren. Über den Radweg am Salzachfluss entlang gelangt man in etwa einer Stunde Fahrt zur Kapelle, in der das Lied unter Mitwirkung des Melodiekomponisten Franz Xaver Gruber uraufgeführt wurde.
(Geschichte / Seite 83)

29 ARGE Salzburg

Kulturzentrum für Musik, Theater, DJ Culture, Performance, Medienkunst.
Ulrike-Gschwandtner-Straße 5.
www.argekultur.at
(Kultur / Seite 83)

30 Unipark Nonntal

Funkelnagelneues Gebäude der Universität Salzburg, im Herbst 2011 eröffnet.
Der von den Architekten Storch, Ehlers & Partner aus Hannover errichtete Bau steht transparent auf Sockeln, hat rund 17 000 Quadratmeter Nutzfläche und ist ein interessantes Beispiel für die zeitgenössische Stadtentwicklung. In der Mitte befindet sich eine große Bibliothek und ein Audi Max. Das Gebäude beherbergt die Fachbereiche Germanistik, Romanistik, Slawistik, Anglistik, Linguistik, Erziehungswissenschaften sowie Kunst-, Musik- und Theaterwissenschaft. Besondere Attraktionen sollen neben den Horsälen auf dem Dach auch eine beeindruckende Terrasse mit einem noch nicht dagewesenen Blick über Salzburg darstellen. Josef-Preis-Allee.
www.salzburg.com/wiki/index.php/Unipark_Nonntal
(Geschichte / Seite 84)

31 Jazzit

Entspannter Musikklub, in den Sommermonaten mit schönem Gastgarten. Jam-Sessions, Konzerte. Elisabethstraße 11.
www.jazzit.at
(Kultur / Seite 85)

32 St. Peter Stiftskeller

Das Flair eines Klosters vermischt mit Barock und der gutbürgerlichen Küche der Region. Datiert aus 803. Hier gibt es Salzburger Nockerl!
St. Peter Bezirk 1/4.
Tel.: +43 662 84 12 68-0.
www.stpeter-stiftskeller.at
(Kulinarik / Seite 89)

33 Petersfriedhof

Der aus der Spätantike stammende Friedhof gehört zu den ruhigsten und schönsten Orten der Stadt. Eine Vielzahl berühmte Salzburger sind hier begraben, zum Beispiel die Schwester Mozarts. Liegt im Sankt-Peter-Bezirk, erreichbar von der Franziskanergasse aus.
(Geschichte / Seite 90)

34 Sebastianfriedhof

Feiner, kleiner Totenpark aus dem 16. Jahrhundert, in dem deutlich die Hand des italienischen Baumeisters Andrea Bertoleto zu merken ist. Erreichbar von der Linzergasse aus.
(Geschichte / Seite 91)

35 „Die Weiße" Weißbierbrauerei

Das naturtrübe Bier wird lokal gebraut. Bayerhammerstraße 10, Tischreservierung: Tel.: +43 662 872246.
www.salzburgerweissbier.at
(Kulinarik / Seite 92)

36 „Müllner Bräu"

Kein Geheimtipp, aber trotzdem ein Ort, den auch Einheimische gerne an sommerlichen Abenden aufsuchen. Hier merkt man die Nähe Bayerns: Man bekommt auch „Maß", das heißt Bierkrüge von 1 Liter. Ob seiner Lage direkt gegenüber dem Landeskrankenhaus nicht zu verfehlen.
www.augustinerbier.at
(Kulinarik / Seite 92)

37 „Weiserhof"

Regionale Küche auf hohem Niveau zu sehr erschwinglichen Preisen. Beeindruckend ist die Vielfalt vegetarischer Gerichte. Unter den alten Kastanien im Gastgarten lassen sich herrliche Sommerabende verbringen.
Weiserhofstraße 4,
Tel.: +43 662/872267.
www.weiserhof.at
(Kulinarik / Seite 93)

38 Bosnastandl

Eine Bosna ist eine scharf gewürzte Bratwurst in einem getoasteten Weißbrot, garniert mit Zwiebeln, Senf und rotem Paprikapulver. Das kultigste Bosnastandl „Balkangrill Walter", das aus dem ersten Balkangrill von 1950 hervorgegangen ist, befindet sich in der Getreidegasse 33, im Durchgang zum Grünmarkt kurz vor dem „Hotel Goldener Hirsch".
(Kulinarik / Seite 93)

39 Passionskapellen

Von der Linzergasse führt ein steiler Weg hinauf zum Kapuzinerberg, vorbei an sechs barocken Kreuzwegkapellen, die zwischen 1736 und 1744 von Künstlern aus Salzburg geschaffen wurden. Schon auf halber Höhe bietet sich die erste

wunderbare Aussichtsgelegenheit, gleich nach der aus dem Jahr 1632 stammenden „Felixpforte". Ganz oben genießt man eine Blick über die ganze Stadt.
(Skurriles / Seite 96)

40 Franziskischlössl
Eine kurze Wanderung über den Kapuzinerberg führt durch den Wald zu einem malerisch gelegenen Gebäude aus dem 16. Jahrhundert. Erzbischof Paris von Lodron errichtete es im Dreißigjährigen Krieg und ließ es dem Heiligen Franziskus widmen, damit der Frieden auf dem Berg ewig andauere. Im Gastgarten des dort untergebrachten Wirtshauses befindet sich ein schmiedeeisernes Geländer, das noch aus der Erbauungszeit stammt. Kapuzinerberg 9, Tel.: + 43 662/872595. www.franziskischloessl.at
(Kulinarik / Seite 97)

41 Untersberg
Das 1972 m hohe Bergmassiv in unmittelbarer Nähe der Stadt ist bei weitem nicht so abweisend schroff, wie es von unten her wirkt. Eine Seilbahn bringt einen in 8½ Minuten hinauf auf den Gipfel. Sommers wie winters in Betrieb. Betriebszeiten 9–17 Uhr. Die Talstation in Grödig, Sankt Leonhard, ist vom Zentrum oder Hauptbahnhof mit dem Bus erreichbar.
(Natur / Seite 97)

42 Hellbrunner Allee
Eine zweieinhalb Kilometer lange Allee uralter Bäume zieht sich schier endlos und gesäumt von Herrensitzen schnurgerade von Freisaal bis zum Schloss Hellbrunn. Gänzlich autofrei.
(Natur / Seite 97)

43 Wandbrunnen mit Delphin
Etwa auf halbem Wege zum Schloss Hellbrunn liegt direkt an der Hellbrunnerallee die Fronburg, ein typisches Salzburger Lustschloss, dessen Ursprung auf das Jahr 1620 zurückgeht. Besonders interessant ist der Wandbrunnen im Schlossgarten mit der Darstellung eines Delphins, der ein Mädchen umarmt.
(Skurriles / Seite 98)

44 Salzburger Zoo
Neben alpinen Tieren, die sich hier bedeutend leichter betrachten lassen als im Gebirge, gibt es einen Streichelzoo, ein

Affenhaus und sogar eine kleine Herde Przewalski-Pferde. Bemerkenswert sind auch die frei fliegenden Weißkopfgeier, die am nahegelegenen Untersberg brüten und regelmäßig zur Futterstelle im Zoo kommen.
www.salzburg-zoo.at
(Natur / Seite 98)

45 Salzburger Stier

Diese Walzenorgel wurde 1502 errichtet und ist heute das älteste funktionstüchtige Orgelwerk der Welt. Sie befindet sich auf der Festung Hohensalzburg, hinter dem Holzbalkon des Krautturms, und ist je nach Windrichtung bis auf den Residenzplatz herunter zu hören. Der „Salzburger Stier" stößt sein sirenenartiges Gebrüll von Palmsonntag bis 31. Oktober täglich um 7, 11 und 18 Uhr aus.
(Geschichte / Seite 98)

46 Kaiviertel

Dieser Teil der Stadt erstreckt sich südlich vom Domplatz, entlang der einstigen Hauptverkehrsader nach Hallein und Berchtesgaden. Einst standen an der Kaigasse die Höfe der Domherren. Abgesehen von den an den Felsen gedrückten Wohnhäusern ist der 1944 durch einen schweren Bombentreffer entstandene, jetzt sehr hübsche Papagenoplatz einen Besuch wert.
(Geschichte / Seite 102)

47 Schloss Leopoldskron

Das aus dem 18. Jahrhundert stammende Schloss liegt romantisch am vom Almkanal gespeisten Leopoldskroner Weiher. Sein wohl berühmtester Eigentümer im 20. Jahrhundert war der Erfinder der Salzburger Festspiele, Max Reinhardt. Zum Schloss führt eine uralte Kastanienallee.
Leopoldskronstraße 56–58.
(Geschichte / Seite 104)

48 Sommerszene

Dieses im Juni/Juli stattfindende Festival hat sich von einem zeitgenössischen Gegenpol zu den Salzburger Festspielen zu etwas gemausert, das sehen lässt, was die internationale Avantgarde drauf hat. Das Angebot ist jedes Jahr anders und äußerst vielfältig: Theater, Performance, Installation und vor allem großartige Tanzdarbietungen.
www.sommerszene.net
(Kultur / Seite 106)

49 Stefan Zweig Centre/ Edmundsburg

Die erfolgreichsten Bücher des österreichischen Schriftstellers Stefan Zweig entstanden in Salzburg, als er von 1919 bis 1934 dort lebte. Das 2008 eröffnete Centre in der wunderbar über dem Festspielhaus thronenden Edmundsburg ist nicht nur ein Ort, der von Leben und Werk dieses Autors erzählt, sondern vor allem eine Gelegenheit, Wissenschaft und Literatur persönlich zu begegnen. Öffnungszeiten: Montag, Mittwoch, Donnerstag, Freitag von 14–16 Uhr. Auf Wunsch werden individuelle Führungen veranstaltet. Tel.: +43 662-8044-7641.
www.stefan-zweig-centre-salzburg.at (Geschichte / Seite 109)

50 Schlafhauserhaus

Dieses Haus wurde vor 1383 erbaut und steht exemplarisch für viele hübsche Häuser und Villen auf dem Mönchsberg, einer Gegend, die sich traditionell gerne Schriftsteller und Künstler anderer Disziplinen zur Wohnstätte wählten. Man erreicht es über den Hans-Sedlmayr-Weg.
(Skurriles / Seite 110)

51 Steintheater

Das in den Konglomeratfels des Hellbrunner Bergs gehauene Freilufttheater stammt aus dem 16. Jahrhundert. Ein mystisch wirkender Ort, der im Sommer für Konzerte genutzt wird. Wenn keine Veranstaltung stattfindet, für Besucher frei zugänglich.
(Geschichte / Seite 111)

52 A. E. I. O. U.

Von Anselm Kiefer gestalteter Pavillon im Furtwänglerpark, direkt gegenüber dem Festspielhaus. Im Inneren befindet sich ein Regal voller Bleibücher mit Dornbuschzweigen als Lesezeichen, die an Ingeborg Bachmanns Gedicht „Das Spiel ist aus“ erinnern sollen.
(Kultur / Seite 112)

53 Die Schranne

Am Donnerstag Vormittag trifft man sich in der Neustadt auf dem beliebten Wochenmarkt. Tausende drängen sich hier zwischen reich gefüllten Ständen. Viele der Marktstände sind Familienbetriebe und bereits seit Jahrzehnten bekannt. Wer öfter hinkommt, wird erkannt und entsprechend begrüßt. „Schranne“ bezeichnete

einst den Ort der Rechtsprechung in einer Stadt, abgeleitet vom althochdeutschen „scranna“ (= Stuhl, Bank). Dieser Ort lag meist zentral, daher entstanden um ihn herum auch die Getreidemärkte, Fleischbänke, Lagerhallen.
(Kulinarik / Seite 116)

54 Prunkstiege von Georg Raphael Donner

Diese Stiege ziert die Fotoalben vieler Brautpaare, über sie erreicht man den Marmorsaal des Schlosses Mirabell, einen der beliebtesten Trausäle weltweit. Sie wurde 1725 bis 1727 erbaut und gehört zu den Kostbarkeiten des Schlosses Mirabell.
(Kultur / Seite 120)

55 Coat of Piece von Anna Chromy

Unter den dem Kapitelplatz zugewandten Arkaden beim Salzburger Dom überrascht diese Skulptur eines leeren Mantels. Sie wurde von der Künstlerin Anna Chromy für die Michelangelogrotte im italienischen Carrara in begehbarer Vergrößerung aus weißem Marmor nachgebaut.
(Skurriles / Seite 120)

Andrea Grill, Studium der Biologie, Romanistik und Linguistik in Salzburg, Thessaloniki und Tirana. Promovierte in Amsterdam und arbeitete in der wissenschaftlichen Forschung in Italien, seit 2008 freie Schriftstellerin. Sie veröffentlicht Prosa und Lyrik und übersetzt aus dem Albanischen und Niederländischen. Buchveröffentlichungen: *Der gelbe Onkel. Ein Familienalbum* (2005), *Zweischritt* (2007) und *Tränenlachen* (2008), *Das Schöne und das Notwendige* (2010), *Happy Bastards* (2011).

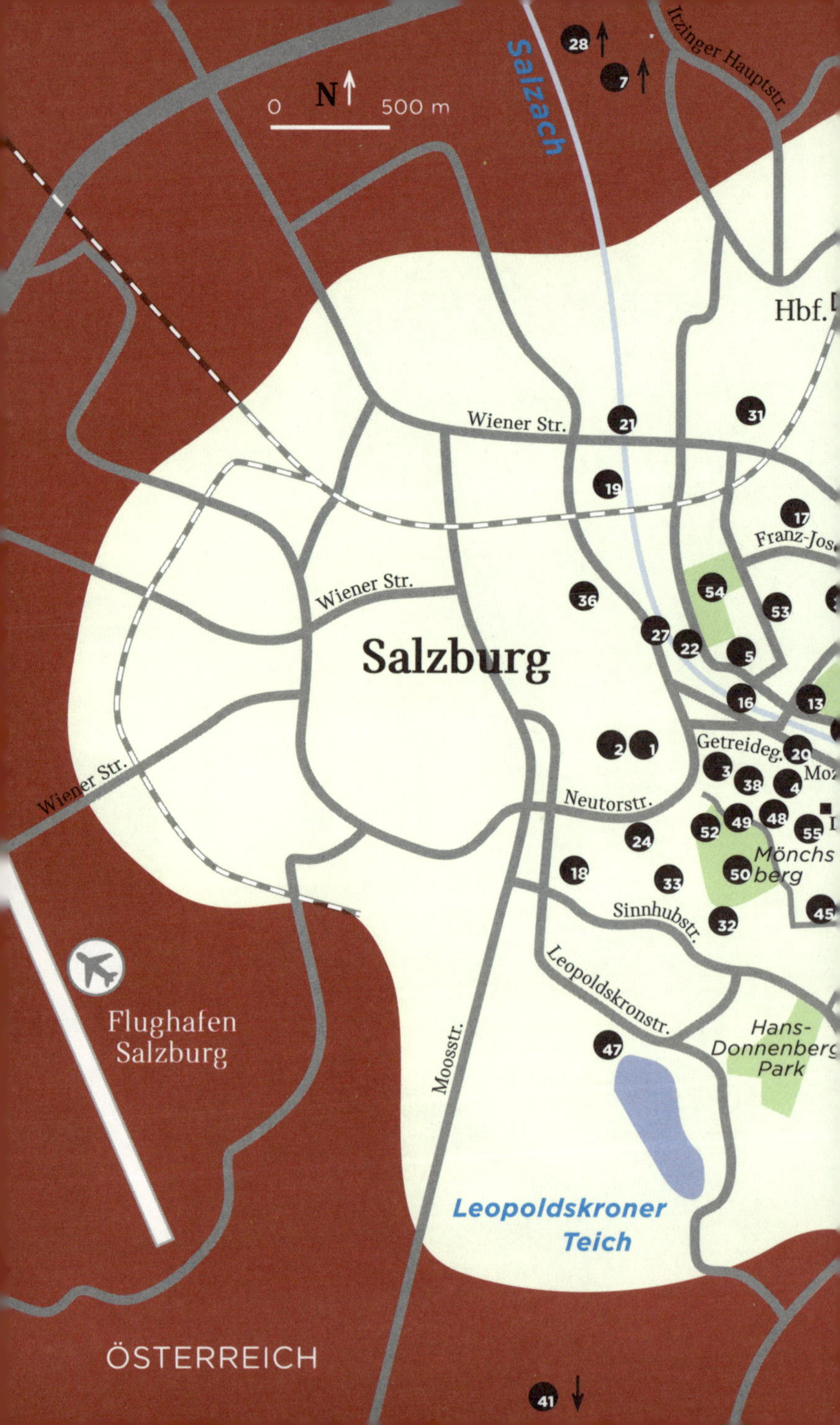
0 N 500 m
Salzach
Itzinger Hauptstr.
Hbf.
Wiener Str.
Wiener Str.
Wiener Str.
Franz-Jos.
Salzburg
Getreideg.
Neutorstr.
Mönchsberg
Sinnhubstr.
Leopoldskronstr.
Hans-Donnenberg Park
Moosstr.
Flughafen Salzburg
Leopoldskroner Teich
ÖSTERREICH
28
7
21
31
19
17
54
53
36
27
22
5
16
13
2
1
20
3
38
4
49
48
52
55
24
18
33
50
45
32
47
41